生きる大事・死ぬ大事

死を通して
見えてくる
幸せな生き方

小林正観
Seikan Kobayashi

イースト・プレス

生きる大事・死ぬ大事

死を通して見えてくる幸せな生き方

小林正観

はじめに
「生」の法則は「死」から見えてくる

あるところに、デザイナーの森英恵《もりはなえ》さんがエッセイを書いておられました。

「黒より黒い黒」「白より白い白」に気がついた、その存在をはっきり意識するようになった、というような内容のものでした。

確かに、壁が全て黒であるなら、そこに黒を塗ってもわかりにくい。けれども、黒の中に白を塗ったら、その白は「ハッとする」ような白さであるに違いありません。

同様に、白い壁にいくら白を塗ってもその白さはわかりにくい。白壁に黒を塗ったら、その黒は際立つのです。

「生」と「死」も、それに似ているように思います。

「なぜ生きるか」「どう生きるか」「なぜ生命を与えられたのか」を考えるとき、その対極に位置する概念、「死」というものを考えてみたら、より把握しやすいのではないでしょう

か。「死」を本当に見つめ、本質的な認識をすることができたら、「生」、生きるということはどういうことなのか、生きることの意味は何なのか、が見えてきそうです。

この本では、**「死」を避けて通らず、正面から見つめることで、「生きる」ことの意味を考えてみたい**と思いました。

1996年（平成8年）12月14日、環境問題の講演後、控え室に戻ってソファに腰を下ろし、ハァーッと息を吐いた途端に心臓麻痺《まひ》で亡くなった平川巴運《ひらかわともゆき》さん（享年53）のご遺体に、私は約束したのです。

「平川さんは、私に〝生死〟に関する本を書かせたかったのですね。平川さんの死が私に本を書かせた、そのために平川さんは私に〝死〟という衝撃を与えてくださった、そういう因果関係にしたかったのですね」と、私は呼吸をしていない平川さんに語りかけました。

「そういうふうに考えてくれて、ありがとう」と、平川さんが答えたような気がします。

それから約3年、私なりに「死」を見続け、平川さんの天上からの支援で、私なりの死生観がまとまったように思います。

その死生観をベースに、第4章では**「とらわれない生き方」**の提案や実例を集めました。

雑誌などに発表した文章を中心として集めたものですが、全てが「何ものにもとらわれない生き方」について書いたものです。

なお、この本を出版するにあたり、編集の山添由美子さんなどに、大変お世話になりました。

そして奇《く》しくも平川さんが亡くなって3年後の12月14日に、この本（編集部注＝弘園社《こうえんしゃ》刊の初版本）が発行されることになりました。天国の平川さんの支援によるものでしょう。天国の平川さんにも心より御礼申し上げます。

小林正観《こばやしせいかん》

生きる大事・死ぬ大事

死を通して見えてくる幸せな生き方

もくじ

第3章 全てを大事にすれば、全てが幸せ
——さまざまな人生

第4章 「反対側」から見れば、全てが幸せ

自由な生き方

二〇一〇年六月現在の小林正観は、目がよく見えません。
足腰も弱っていて、何百メートルも歩くことができません。

ですが、幸せなのです。
耳が聞こえます。手でものをもつことができます。
多少歩くことができます。食べることができます。
同じ日本語で冗談を言いあえる仲間がいます。

春が来ると、美しい花が咲きます。
夏が来ると、たくさんの美しい花が咲きます。
空が青いときがあります。紅葉が色づいているときがあります。
たくさんのものをいただいています。
それを幸せだと思えるかどうかが、幸せであるかどうかを決定します。

——旅立たれる一年前に刊行された『脱力のすすめ』より

第Ⅰ章

「生きる」意味、「死ぬ」意味

——生と死の周辺

理想の死

「私にとっての一番美しい死に方」がやってくる

五大陸の最高峰を全部登頂した植村直己《うえむらなおみ》さんという登山家がいました。この方は名誉も地位も全て大きなものを手に入れたにもかかわらず、自らの意志で北米大陸のアラスカのマッキンリー山に登り、消息を絶って、おそらく遭難したのだろうということで死亡されたものと推定されています。

もう一人、星野道夫《ほしのみちお》さんという写真家がいました。この方は、カナダやアラスカやロシアでヒグマなどの生態写真を撮っていた人ですが、この方も行方不明になり、最後に残されていたカメラの最後のコマにヒグマが至近距離で写っていたことから、ヒグマに襲われ食べられたのではないかということになりました。

植村さんも星野さんも、大変惜しまれた死ではあったのですが、この人たちに共通するものがあります。それは、**それぞれの人にとって、理想的な死に方だったのではないか**、ということです。

植村さんは山が好きであった。その山で遭難をして死んだ。いつかはどこかの山で必ずや死ぬことになっていたのかもしれません。星野道夫さんは、野生動物の写真を撮っていた人ですが、どこかで必ずや野生動物に襲われて死ぬことになっていたのかもしれません。

例えば、この二人が東京の病院で、たくさんの管を差し込まれて長い闘病生活を送りながら亡くなっていく姿、というものが想像できたでしょうか。むしろ、植村さん自身、あるいは星野さん自身、そういう死に方は望んでいなかったのではないでしょうか。

例えば、「私だったら、死ぬときにはこんなかたちで死にたい」「こういう死に方が望ましい」というように自分で想像してみたとします。その想像というのはもしかしたら、想像というよりは自分の未来の死の姿を予見しているのかもしれません。むしろ、自分の死を予知して言っているのかもしれません。

自分にとって望ましい死というのは、すでに頭の中にあって、そのとおりのプログラムを書いてきている、そのとおりのシナリオを書いて生まれてきている、とさえ思えるのです（編集部注＝人生のプログラムについては第2章参照）。

人間は、死を避けることができません。絶対に死ぬ動物です。ですから、必ずどこかで死ぬそのときに、病院のベッドの上で生命維持装置をつけられてたくさんの機械に囲まれて死ぬよりは、自分が人生のフィールドとして生きてきたその舞台、例えば植村さんについて言えば山、星野さんについて言えば野生動物のいる地域（カナダやアラスカやロシア）になるわけですが、そういうところで自分が死を選んでいくということを、シナリオで書いてきたのではなかったでしょうか。

必ずや死を迎えなければならない人生なのです。そうした場合に、「自分が最も理想とする望ましい死に方というのはこんなかたちである」と自分で想像することができたら、多分それが自分にとっての人生の最後（死ぬかたち）なのだということです。

今のうちに、生きているうちに、元気なうちに、頭の中で「こういう死に方がいい」「こういう死に方が自分にとって望ましい」と思うことができたら、多分、その死はそのようにその人にやってくるに違いありません。それこそが本当に望ましい死なのかもしれないのです。

死ぬことをいやがるのではなく、正面から死を見据えて、**どういう死に方が自分にとって本当に望ましいのか、私にとっての私の一番美しい死に方というのはどういうものなのかを考えたとき、それが理想的なかたちで自分のところにやって来るのかもしれません。**

若き死

「惜しまれる死」には使命がある

数年前（編集部注＝1992年）に、アメリカで日本人の若き留学生が、ハロウィンの日に射撃されるという事件がありました。

「Freeze（フリーズ）」（止まれ、凍結しろという意味）と言われたときに、その意味がわからず青年は動いてしまったために、普通の人（特に武装しているとか犯罪者というのではない普通の人）に射殺されるという事件が起きてしまったのです。

このときに、そのHさんのご両親は恨み言を言い続けるのではなく、アメリカの銃社会に対して銃の規制をしようではないかということで、日本中の署名を集め、アメリカに話しに行きました。その結果として、アメリカでは初めて銃の規制がなされるようになったのです。

アメリカ建国200年以来、銃の規制というものは全くされなかったらしいのですが、そのHさんのご両親の署名活動により、アメリカはついに銃の規制の第一歩、ほんのわずかな第一歩でしたが、それに踏み切ることをしたのでした。

Hさんは確か16歳だったと思うのですが、**その短い人生の中で、大きなものを残したと言えるのです。**Hさんは、自分の命を以《もっ》てアメリカの銃の規制に寄与したということになります。

その子供の若き死を悲しんでいるだけでは、その死を無駄にしたということにもなりかねません。その死をいかに無駄にしないか、ということを、実は残された人が問われているのです。

子供がかわいい盛り、3歳、4歳、5歳、あるいは10歳くらいで亡くなっていく場合があります。残された親は、これ以上ないという悲しみを味わうのですが、実は、それは子供自身が生まれる前に書いてきたプログラムであり、それは親もそういうかたちで子供を先に逝かせるというシナリオで合意した上で出来上がっていることなのです。いたずらに悲しむのではなく、その幼くして死んでいった子供の意味というのを本当に把握すべきだろうと思います。

幼くして死んでいった子供は、その使命として何をこの世に伝えに来たのかというと、残

された人に対して、悲しみを与えに来たのだということです。悲しませるためにこの世に生まれ、早く死んでいった。そういうことにほかなりません。

生まれ変わりの回数の多くなった人は、それよりもさらに生まれ変わりの回数の多い魂の持ち主を子供として迎えることになります。そして、その生まれ変わりの回数が10万回のうちの9万9900回くらいに達した霊格が非常にレベルの高い子供は、9万9500回くらいに達している霊格の高い親に対して、人間の中で最大の悲しみを与えに来るのです。

それは、子供を幼くして亡くすということです。その悲しみは、人間としてこれ以上ないほどの悲しみを与えます。その悲しみをも笑顔でその人生の中で乗り越えられるかを、実はその現象で問われているのです。その最大の悲しみを与えるために、勇気ある戦士である魂が、「ぼくが子供として行きます」「私が娘として行きます」と手を挙げ、自分から望んでその人の子供として生まれ、5歳、6歳、あるいは10歳くらいの一番かわいい盛りで死んでいくという、そういうものを残していきます。

残された親は、悲しむのは当然なのですが、**悲しみを引きずることが必要なのではなく、それをいかに早く克服して、その悲しみさえも実は悲しみではなく、自分にいろいろなも**

のを与えに来てくださったものなのだということを把握し、それを笑顔で乗り越えていくことをこの世で問われているのです。

そういう悲しみの体験を通じて、その親はほかの悩み苦しみ、つらい思いをしている人たちの人生相談に乗ることができ、その人たちに優しいアドバイスができ、心温まる言葉でその人を励まし、慰めることができるに違いありません。そういうことをやらせるために、そういう立場になってほしいがために、人間がこれ以上味わえないであろう最大の悲しみである、一番かわいい盛りの子を亡くすという現象をその子供は見せに来ているのです。

つまり、その霊格の大変高い、神になる直前の子供は、70年、80年の修行の時間を必要としていません。ただ5年か10年の修行の時間があれば、それで1回の輪廻転生《りんねてんしょう》をカウントすることになるのですが、その短さの意味として、一番かわいい盛りに死んでいき、親にその悲しみを残し、その悲しみを乗り越えさせるという試練（テーマ）を与えていくのです。

ですから、人間の感情として、3カ月や半年、あるいは1年ぐらい悲しんでいても仕方がないとは思いますが、それをいつまでも何年も引きずらないでほしいと思います。子供が幼くして死んでいったことの意味はそういうことなのです。

一日も早く乗り越えて、それを糧として笑顔でほかの人たちにアドバイスができるようになること、それこそが、死んでいった子が親に対して投げかけたメッセージの本質なのです。

悟った人

「生きたい」も執着、「死にたい」も執着

ある人から、こんな相談を受けました。

「生きているのがつらい。自殺してもよいか」と。

私は、こうお答えしました。

「キリスト教と仏教とでは、自殺に対する位置が違います。神から生を受けたことを前提とするキリスト教では、自殺は神を否定することとして嫌い、認めない。自殺は地獄に落ちる、と教えています。一方、仏教では、ある条件をクリアすれば自殺してもよい、と言っています。そのある条件とは、『悟った人』であること。『悟った人』は自殺してもよいと言っています」

すると、その人から、こんな発言がありました。

「私は〝生〟に対する執着が全くないので〝悟った人〟と言えると思います。それなら、私

は自殺してもよいのですね」

私は笑って、さらにこう話しました。

「〝悟った人〟は、『死にたい』と思うこともないのではありませんか。〝生〟に対する執着がないのと同様、〝死〟に対する執着もないのが〝悟り〟でしょう。〝死にたい〟と言うこと自体、〝悟っていない〟ことの証明になります。**〝悟った人〟は、『生きたい』という執着もないかわりに、『死にたい』という執着もないと思いますよ**」

そこから先は答えが返ってきませんでした。

その方は、それから何年もたちましたが、今も元気に生きています。

本当の〝悟り〟の域に到達したのかもしれません。

不覚の死

人生の後半は「思い」を捨てていく

病院で、あるいは自宅で、自分は死ぬんだなと思いつつ死んでいく死があります。長い病気の結果迎える死は、見方を変えれば、あるいは言い方を変えれば、**長い覚悟形成の日々でもあり、それは有り難いことでもあるわけです。**

一方で、自覚しない死というものもあります。

例えば、車の後部座席で寝ていたときに、車が衝突して、寝たままの状態で死を知らずに死んだ場合などがあります。あるいは、夜眠れないのでいつものように睡眠薬を飲んで寝たが、その前にたまたまアルコール（酒）を飲んでいて、急激な作用があり、そのまま目覚めずに死んでしまうということもあるでしょう。朝起きてくるはずの時刻に起きてこないので起こしに行ったら呼吸が止まっていた、という突然死も、年間数万人に及ぶそうです。

そのような、自覚しない死、自覚しなかった死、あるいは自覚できなかった死を、**「不覚の死」**と呼びたいと思います。

「不覚の死」の一つとして、今挙げた車の後部座席で寝ていたときの事故にしぼって考えてみましょう。

後部座席で眠っていた人が、気がついたらその現場に（車の外に）立っていたとします。多くの人が集まり、車が大破し、その車の中の人たちが救急車で運び出されていく姿を外から見ています。運転していた人、あるいは助手席に乗っていた人が救急車で運ばれていくわけですが、自分は体がどこも痛くないし血も流れていない。ああ、自分は無事だったんだなと思います。

その騒ぎを野次馬の中に交じってずっと見ているのですが、1時間たち2時間たつうちに、だんだん人がいなくなっていきます。自分は体が軽く、どこも傷ついておらず、痛くもない状態でずっとそこに立っているわけですが、いったいどこに帰ればいいのか、これから何をすればいいのか、そういう概念は湧いてこないようです。

その状態で数時間たつと、当然現場には誰もいなくなります。自分はどこも痛くないし、どこも悪くない。血も流していないのですが、どちらにせよ、自分がどこに行くべきなのか、何をすべきなのかがわかりません。

たまたま通りかかった人に、「もしもし、私は元気ですよ」というように肩を叩《たた》いて話しかけたりするのですが、相手は全く反応をしてくれません。そういう場合に、その人は「死んだ」ということを自覚しなければならないのです。

そういう状態になったときのことを「死んだ」と言います。これは自覚をしていないので、「不覚の死」です。そういう場合に、もしかしたら私は死んだのではないだろうかと思ってください。

「死」を自覚した結果、自分が生きていたらこれもしたかった、あれもしたかったということを未練と言うのですが、その**未練の一つ一つを捨てていくことで、体がだんだん軽くなっていくのです。**

気球というものをご存じだと思います。気球は、暖めた空気の上昇気流によって上に上がっていくのですが、砂袋をたくさん積んでいることで、気球が上がることを防いでいます。砂袋をどんどん落としていくことで気球は軽くなり、上に上に上がろうとします。

これと全く同じことが魂にも起こるようです。

未練というものは、まさに気球における砂袋なのです。砂袋には二つの種類があります。

二つとも「おもい」というものなのですが、それが実は砂袋としての重さを持っています。

一つ目の「おもい」は、**「思い」**、もう一つは**「想い」**というものです。二つとも音《おん》は「おもい」と読みます。実はこの「おもい」こそが砂袋としての重さにほかなりません。「思い」の方は、読んで字のごとく、「田」の「心」です。経済や収入、身分や地位などの経済的・三次元的な要因のことを言います。一方、「想い」は、「相手」の「相」に「心」。人を想うということです。人に対する「想い」が「重い」状態になっているということにほかなりません。

自分が死んだのかもしれないと思ったときにやるべきことは、この重さ、つまり**「思い」と「想い」を捨てることなのです。**砂袋を捨てることで、実は人間の魂は軽くなるようになっているようです。

実際に体験した人の話なのですが、自分はどうも死んだらしいと思ったときに、あの人にお金を返さなくてはいけないとか、手形を落とさなくてはいけない、などの経済やお金の問題を一つ一つ捨てていくことが（つまり「思い」を捨てていくことが）、軽くなることであったらしいのです。その「思い」（砂袋）を捨てていくことで、だんだん体が軽くなり、あらゆる「おもい」（これを未練とも呼ぶのですが）を一つずつ捨てていき、体が5㎝、

10㎝と浮いてくるのを自覚したと言います。

「思い」と「想い」の、この二つの「おもい」を重さとして人間はずっと抱えてきたわけですが、これを一つずつ捨てていくことで、死を迎えた私たちの魂は地上から10㎝、20㎝、あるいは1m、2mと、だんだん軽くなって浮かんでいくらしい。その「おもい」を捨てることができずにずっと地面にくっついて立っている状態、これを「浮かばれない」と言います。

もう一つの例で、朝起きたときの話をしましょう。

体が大変重かったり、持病のある人がいたとします。ある朝目覚めたときに体が軽いことに気がつくとします。上半身を起こしてみたら、非常に体が軽い。「お、今日は痛みも重さもないな」と思い、ベッドから下りてみたら、とても軽くて気持ちがよい。さわやかで申し分ない状態だとします。

そこで、部屋を出て、冷蔵庫を開けて何かを飲んだりするのですが、すでにたまたま奥さんが起きていました。しかし、奥さんは自分を全く見ることなく朝食の用意をしています。「おいおい、どうしたんだ。ここに起きているじゃないか」と声をかけるのですが、奥さんは全く気がつきません。

そのうちに目覚まし時計が鳴って、奥さんは、「起きる時間よ」と言いながら寝室に入っていき、その結果、「あなたー！　起きて」と叫び、救急車を呼ぶ、というようなことを始めるのです。

「おいおい、オレはここにいるじゃないか」と思い、いくら話しかけても奥さんはそれに対して答えてはくれません。奥さんは半狂乱になり、あちこちに電話をかけたりするわけです。

自分は何となく何が起きたかわからないので、寝室に戻ってみると、自分の姿が横たわっています。自分の肉体が横たわっているのに自分は歩いている。その横たわっている自分を見下ろします。自分はそこに寝ていて、しかもここに立っている、という不思議な体験をする。そのときに、妻や子供に話しかけたり、あるいは救急隊員に声をかけたりしても全く反応がない状態を、また、「死んだ」と言います。

つまり、命がなくなり、幽体が肉体から離れたわけです。こういう状態になったら、どうも自分は死んだらしいと思ってください。そして、そう思ったときから、**自分はその二つの「おもい」（「思い」と「想い」）を一つずつ捨てる作業を始めなくてはなりません。**この砂袋（重い、重さ、重荷）を捨て去ることを怠ると、自分の魂は浮かび上がることができない（浮かばれない）のです。まさに自分だけがその作業をすることができます。自分以外のものがすることはできません。自分がその重さ（砂袋）を捨てるほかはないのです。

重さ、重石《おもし》、砂袋を捨てることができた魂（幽体）は、だんだん軽くなり、上空に浮かび、ついには上に抜けた光のドームの中に、吸い込まれるようにものすごい勢いで入っていきます。そして、その光のドームを抜けたところに、どうも一般的にはお花畑が展開する例が多いようです。

お花畑は50mほど続き、これは大変美しく、その人にとって最も好ましい花畑（好きな花が咲き乱れている）であるらしいのですが、その50mほど先に川があります。そしてそこに橋がかかり、その向こう側にさらに美しい風景（一般的にはお花畑なのですが）が広がっています。

その橋を渡ってしまうと、もう二度と戻れないようです。たまたまその橋の手前のお花畑を気持ちよく歩いているときに、後ろの方から、最愛の子供、あるいはとても愛している孫という例が多いのですが、その子供や孫から、「おじいちゃん、行かないで！」「おばあちゃん、死なないで！」と叫ばれたときに、「ああ、あの子のもとに帰りたい」と思うらしい。その場合に、ふと目覚めると、一度止まっていた心臓が動き出した、というようなことになっています。

一度心臓が止まって死に、また戻ってきた人は、だいたい同じことを言います。「そのお花畑がとても気持ちよかった」「帰ってくるのが大変つらかった。だから今度は絶対に呼び戻さないでくれ」というようなことです。そのように言い置いて死んでいった人がたくさんいるのです。

さて、それはともかくとして、砂袋を捨てる、投げ捨てる、という話に戻します。

「自分は死んだらしい」と思ったところから砂袋を投げ捨てて、軽くなって上空に浮かび上がることもできます。当然それをみなさんは作業としてやるわけですが、実はもう一つ別な方法があります。それは、**死を迎える前に、生前に、その砂袋をどんどん捨てていくことが可能だ**、ということです。

死んでからの問題を未練と言い、死ぬ前のことを執着と言います。死ぬ前にその抱えている砂袋（執着）をどんどん捨てていったらどうなるのか。

実は、生きている（肉体を持っている）人間でさえも、とても体が軽くなり、足が自分の体重をまるで支えていないかのように非常に楽に軽くなるのです。楽に軽く生きることができます。

人生は、現在平均的に80年ほど寿命を与えられていますが、仮に真ん中が40年として、40歳までは追い求めて得よう得ようという作業をしても構わないのですが、**折り返し点を過ぎてからの心の持ち方というのは、いかに捨てていくか、ということになっているようです。**それがつまり、執着を捨てることにほかなりません。

誤解のないように言っておきますが、こうなってほしいとか、ああなってほしい、これをこうしたい、という気持ちや希望を持っていても構わない。ただ、こうならなければイヤだ、絶対にこうなってほしい、という執着を捨てることが必要なのです。

自分がこうなったら嬉《うれ》しいとか、こうなったら楽しいとか、幸せだとか、そういうふうに喜びの上乗せを予定することは、いくら予定しても構いません。こうならなければイヤだと思ったときに執着という名の重石、重りになるということです。

死ぬ前にその重さ、重いものを全部手放すことができたら、死んだときにあっという間に、全く時間を経ることなく光のドームの中に吸い込まれていくでしょう。

自ら捨てる努力を、死んでからするのではなく、生きている間にしておくこと。

それは取りも直さず、**人のためではなく、自分が楽に、軽く生きていけるということなのです。**

笑顔

家族に最高の「ありがとう」を残す

何人かの人から、同じ話を聞いたことがあります。

死の瞬間、笑顔でニコッと笑って、例えば「ありがとう」という言葉を残して死んでいった人は、死後硬直がなかなか起こらないというのです。体が温かく、生きているような肌色が続き、冷たくならず、死後硬直が来ないと言います。

死の瞬間に、笑顔になって「ありがとう」という言葉を発した場合、周りを取り囲んでいる家族たちは、ほっとするに違いありません。つらそうに苦しそうに死んでいくよりは、**笑顔で「ありがとう」という言葉を残された家族が、その後どれほど心が楽になるかわかりません。**

「お陰さまでいい人生だった」「お陰さまで楽しい人生だった」というように言い残されたら、家族の気持ちはとても楽になることでしょう。残された人に恨みの一言を残すか、あるいは感謝の言葉「ありがとう」を残すかで、残された家族はずいぶん違う心根になるのです。

家族のことを思って「ありがとう」と言って死んでいった場合、家族が楽な状態になるのはもちろんですが、実は自分にとっても決してマイナスではないようなのです。

大手の葬儀社が、亡くなった人の遺族何万組かを調査したことがあります。人に優しく思いやりがある人や、あまりわがままではなかった人、あるいは自己中心的でないという人は、死ぬときも、概して苦しんだり痛がったりしなかったとか。そういう傾向があったということです。

一方、自己主張が強く、他人に対する思いやりに欠けており、自己中心的でわがままだった人は、死ぬときにだいぶ苦しんだり痛がったりする、という傾向があったようです。もちろん、「全ての人がそう」というのではないのですが。

つまり、死ぬときだけ笑顔というのではなく、**普段から自分の人生観としてなるべく人に対して敵意や攻撃性を持たず、思いやりや優しさにあふれている、そういう人生を歩んできた人は、どうも晩年、死に際しても痛みや苦しみも感じないですんだようでした。**

人に対して優しくあること、というのは、他人のためではなく、つまりは自分のためであるらしいのです。

この項の冒頭に書いたように、死ぬ間際にニコッと笑ったとすると、死後硬直が起きないのだとか。体がずっと温かいままで冷たくならないといいます。そういう場合、残された家族は、この人はきっと天国に行ったんだ、とても心地のよいところへ行ったんだ、と思うことでしょう。

そういう意味で、すぐに死後硬直が起こるよりも、長らくピンク色の肌をして温かさが残っている方が、家族に対して温かいメッセージを残すことになる。

ニコッと笑って「ありがとう」と言って死ぬことは、家族に対する最高・最大の「かたみ」なのです。

お花畑

「死の世界」がわかれば、死は全く怖くなくなる

末期癌《がん》で、「私、死ぬのが怖いんです」と言われる方がいました。どなたも死の世界を知らなければ、当然死の世界を怖がることでしょう。死の世界、死というものを怖がるのは当然です。

私はその末期癌の方に、こういう話をしました。ある方が亡くなった話です。

その亡くなった方は、家族中であまり厳しい言葉、冷たい言葉、否定的な言葉を使わなかったそうですが、その方も家長として率先して、否定的な言葉や相手を非難したり攻撃的な言葉は極力使わない人だったらしいのです。年齢が60代後半だったそうですが、亡くなる1週間ほど前に、その方は妙なことを言いました。

家族が、「お父さん、今日はどう?」と言って部屋に入っていったとき、その方は、

「今日はとても不思議な日だ。ＮＨＫが、私の好きな花の花畑の中継を朝からずっとやっている。それもテレビ画面の左右１８０度に映し出されて、ものすごくきれいな中継だ」と言ったというのです。

家族は驚いてテレビを見てみますが、テレビ画面はついてはいない。

「お父さん、今日は妙なことを言うなあ」と家族は思ったそうですが、その方は非常に明るく楽しそうな顔で、「きれいだ、きれいだ」を連発していたそうです。

死の当日、その方は、家族が入っていくと、またまたこんなことを言いました。

「今、そこ（部屋の入り口）に、お迎えが来ている」と。

家族は驚いて、その部屋の入り口を見てみますが、誰もいない。もちろん、家族には何も見えません。

その方は、「こんなにはっきり見えているのに、見えないのか」と、言いました。家族は、「何も見えないよ」と主張します。

その方は、それまで全く絵を描いたことがなく、絵心もない人だったのですが、「こんなにはっきり見えているのに、何でこれが見えないのだ」と言いながら、紙とペンを持ってこさせ、その見えていると称する「絵」をそこに描いたというのです。

その絵を見た家族はみな、観音さまであることが確認できました。誰が見ても観音さまの姿形をしていて、頭の後ろに光背《こうはい》がきれいに描かれていたそうです。

その数時間後に、その方は亡くなりました。末期癌だったそうです。

ただ、**普通の人が苦しむかもしれない状況で死の淵《ふち》にあったのですが、その方は全く苦しむことも痛がることもなく、大変安らかな状態で亡くなっていったということです。**

この話をその末期癌の方にしたところ、その方は、涙をボロボロ流してこう言いました。

「その話を伺ったら、死ぬのは全然怖くありませんね。死ぬのは、そんなにつらいことじゃないと思えるようになりました。ありがとうございます」

この話は、死ぬことを決して奨励しているのではありません。死が楽しいものだから、死が美しいものだから、そっちの方に行ってもいいですよ、ということを言いたいのではありません。

自分の人生において、人を責めたり世の中を憎んだり神を恨んだりしたことのない人が、全てを肯定して、全てを受け入れたときに、いろんな心楽しい現象が死の淵にあっても訪れてくるらしい、ということを言いたいのです。

2種類の死

「肉体の死」と「存在の死」

2種類の死とはこういうものです。

一つ目。これは「**肉体の死**」です。葬式を出す方です。人は必ず肉体の死を迎え、葬式を出します。どんな人もそれを止めることはできません。

もう1種類の死は、「**存在の死**」というものです。その人の存在を全ての人が忘れてしまったとき、その人の本当の死、存在の死が訪れるというものです。その人が地球上に存在したこと、ある時代に存在したことを仮にたった一人でも覚えているとすれば、その人のことを忘れないでいるとすれば、その人の存在は決して死んではいないということです。

例えば、聖徳太子《しょうとくたいし》は死んでしまったのか。いいえ、死んではいないのです。その存在がはっきりと語り継がれています。では、お釈迦《しゃか》さまは死んでしまったのか。いいえ、やはり死んではいないのです。では、キリストは死んでしまったのか。あるいはソクラテスは、あるいはプラトンは、あるいは老子《ろうし》は、というように考えていったときに、**その存在を忘れ去られていない人は、まだ存在していると言うことができるのです。**

私が思うに、全ての人から忘れられてしまった人は、その存在の死が来たということになるのですが、その存在の死とともに、天上界（地球よりもずっと上の方に、霊魂が存在するゾーンがあるらしいのですが、そこ）に行ってしまうのではないか、ということです。

逆に、たった一人でもその人の存在を忘れずにその人のことを思っている、あるいは覚えているとすれば、その霊魂ははるか上空には行かず、人間社会のすぐそばにいて、いつでもその人の姿形や考えや心や思想、主義、哲学、生き方というものを人に教えてくれるような気がします。

肉体の死は避けることができません。しかし、存在の死を長くすることはできる。**私たちはいかに死なないかということではなく、いかに生きているうちに何かを残していくか、自分の存在を証明する何かを残していくかということに尽きるのです。**

何を残していくのか。それは、業績や名声や地位やそういうものではないでしょう。いかに私たちが喜ばれる存在であったか、その人がこの世に肉体を持って生きていることがいかに多くの人に、あるいはいかに多くの動物や植物に喜ばれる存在であったか、そういうことを私たちは問われているのだと思います。

その人の存在を忘れなければ、いつでも呼び出せるし、いつでもその人のことを思い出せる。宇宙にはその情報層（情報の塊《かたまり》）として霊魂が存在している、と考えたら、それだけ奥の深い世界に生まれたことを、感謝したくなるのではないでしょうか。

同じ重さ

急死にも、闘病を経た死にも意味がある

急に肉親を亡くした人の悲しみをよく聞きます。「長く患ってくれれば、その分気持ちにゆとりができ、覚悟もできたのに」と言う方が結構いらっしゃいました。

私の両親はすでに他界しています。母は心臓麻痺で54歳のときに急死しました。前日まで普通に元気に暮らしていましたので、本当に突然の死でした。私は心の準備が全くできていなかったがゆえに、涙が止まらず、大変つらく悲しい思いをしました。

それと全く反対に、私の父は68歳で逝きましたが、くも膜下出血を起こし、その結果として脳の手術を3回受け、1年半の闘病生活ののちに逝きました。

偶然と言えば偶然なのでしょうが、偶然ではないのかもしれません。私は、死を見送るというかたちを、両方味わったのです。

両方というのはこういうことです。親しい人に急に死なれたとき、気持ちの準備ができ

ていなかったということで、確かにつらく悲しい時間があります。しかし、逆に長く入院などをしていてもらえば、気持ちの準備が徐々にできて、つらくないということもあるのです。私たちにとっては、どちらにしてもその重さ、苦しさ、悲しさというものは変わらないのかもしれません。

急に死なれた場合には、それは涙というかたちで人間の体の水分が出ていくような気がします。一方、長く病院などにいて看病に明け暮れた場合には、その間に汗というものが体の中からしぼり出されます。**急に死なれたことで流す涙と、長い間の看護や看病で流す汗の量は、変わらないのかもしれません。神はそのように設定しているのかもしれないのです。**

私たちは人の死を迎えたときに、どちらか一方しか知らないがゆえに、急に死なれたときは、「もっと長く覚悟の時間が欲しかった」と言い、長患いをされたときは、「心の準備ができたから、ある程度はよかった」と言い、そのようにものを考えるようになっています。しかし、結局は神の目から見たら、流す汗の量、あるいは涙の量、使うべき労苦、エネルギーというのは同じようになっているのかもしれません。

いたずらに悲しむのではなく、そのように選んでその親しい人は逝ったということを、それがその人の優しさでありメッセージであったということを理解したいと思うのです。

ついでに言っておきますと、第2章で書くように、人間の死は自分自身で書いたプログラムのようです。自分がどのようにいつ死ぬかということ、そしてどのようなかたちで死ぬかということも全部決めてきている。ですから、あと10分早く救急車を呼べばとか、あのときに別の方法をとっていれば何とかなっただろうとか、そういうことを考えるのは無意味です。必ずそのときにそのかたちで死ぬようになっていた。ですから、それを悔いたり自分のせいだと思い込むことは全く意味がありません。

大事なのは、死んでからその死を悔やみ悼むことではなく、今、目の前にその人がいるときに、いかにその人を大事にするか、今生きているその瞬間をいかに大事に過ごすか、ということだと思うのです。

第2章

「人生のプログラム」が教えてくれること

――確定的未来

透視と
予知能力

潜在意識の扉を開く「1000」の法則

1浪して入った大学での入学式の日、私は「精神科学研究会」なるサークルに入りました。

心理学にも興味があったのですが、最も興味があったのは「念力」「予知」「透視」「テレパシー」などのいわゆる〝超能力〟でした。〝超心理学〟という呼び方で、そういう分野のものも「心」の一部になります。それを「科学的に考える」という意味で「精神科学」なのでした。

そのサークルには「ESPカード」などが常備されていました。〝超心理〟研究のためのいろいろな道具、用具があったと思うのですが、ESPカード以外は覚えていません。

ESPとはExtra Sensory Perception（超感覚的知覚）の略。〝超能力者〟という意味で「エスパー」という言葉がありますが、それは、このESPにER（〜する人）をつけ加えたものです。

ESPカードは、アメリカの心理学者が考案しました。○＋□≋☆という5種の模様があり、それが5枚ずつ、計25枚が一組になっています。裏はトランプのカードのようになっていて、一見するとトランプのように見えます。私たちはこの5種を「○《まる》足す□《しかく》イコール星」と覚えました。そのように覚えると忘れにくいので、お勧めします。

「精神科学研究会」なる妙なサークルに入って、普通なら何をするか、何を具体的に研究するのか迷うところですが、ちょっとでも時間があればすぐにできるという意味で、このESPカードは私にとって大きな存在でした。

ESPカードの最も簡単で基本的な使い方は、裏から見て〝当てる〟ことです。「透視」ということになるのかもしれません。

25枚を全て裏にして、ノートに1枚ずつ、「何に思えたか」を書いていくのです。1枚ごとに正解・不正解を検証していくと、後半には当てやすくなってしまうので、最後の25枚目を終えるまで、一切、表は見ないようにします。

そのように〝訓練〟をしていった結果、何と、わずか10時間ほどで、25枚のうち10枚ほどが当たるようになりました。

25枚のうち10枚といっても、もともとスタートは25分の5です。全てを「○」と書いていけば必ず5枚は当たるのですから、スタートラインは25分の5から、ということになります。偶然の確率で25分の5、5分の1（20％）は必ず当たるわけです。

10時間で25分の5が25分の10になる、というのはすごそうですが、誰でもこのくらいは当たります。10時間くらいは最も興《きょう》が乗っているときで楽しく、〝能力〟もどんどん花開いているときなのかもしれません。

100時間ほどやっていると、25枚のうち15枚ほど当たるようになります。25分の15というと5分の3、60％ですが、「6割当たる」といっても、もともと2割は必ず当たるところから出発しているので、〝能力開発〟は4割アップということでしょうか。

100時間というと、1日3時間で33日、約1カ月です。そんなに大変ではありません。ただ、いつも25分の15という数字が出るわけではなく、時に25分の2だったり3だったりするので、「めげない」ことが重要です。

訓練が1000時間を超えるころから、25枚のうち20枚ほどが当たるようになりました。私の最高は25枚中21枚です。今も書いたように、いつも20枚当たる、ということではありません。〝最高記録〟が更新されていき、〝平均〟の枚数も少しずつ上がります。ただ、必ず平均20枚当たると思っていると、がっかりが多くて長続きしません。ひたすら「繰り返す」ようにしてみてください。

１０００時間を超えたあたりから、表側の絵柄が、裏に浮き出てくるような感覚が、時々ありました。そのとおりに書くと、〝正解〟なのです。「予知」や「透視」の潜在的な能力が少しずつ花開いたということなのかもしれません。

野球の世界に「千本ノック」というものがあります。１０００本のノックを受けていると、確かにクタクタにはなるのですが、体の動きに無駄がなくなり、最短距離で捕るようになります。**「１０００」という数は、人間の潜在能力の扉を開く一つのカギのような気がします。**

死相

「未来も死ぬときも決まっている」という概念

25枚中20枚ほどが当たるようになって、私は不思議な体験をすることになりました。会った人の〝死期〟を感ずるようになったのです。ＥＳＰカードの表の絵柄が裏に浮かんできて読み取れるように、人の表情の上に浮かぶもう一つの表情（無表情）を見るようになりました。

お断りをしておきますが、今は私もよほど集中して見ないと見えませんし、わかりません。見たいとも、知りたいとも思わないので、その「よほどの集中」も最近は、しません。また、仮に、その人の死期を〝感じた〟からといって、その人に伝えることも決してしないので、安心してください。

「予知」や「透視」で、決して口にしてはいけない三つのものがあります。「盗」「姦《かん》」「死」です。

「盗」とは、その人の犯罪や罪。

「姦」は、男女関係。

「死」は、死期の宣告。

少なくとも私は、この三つについて知りたいとも思わないし、知っても決して口にすることはありません。

また、まれに、「占い師」の中に、平気でこの三つを口にする方がいます。曰《いわ》く、「このツボを買わないと3日で死ぬ」など。

そんなことは絶対にないのです。「死」は全て「寿命」なのですから。

それに、「死」について軽々しく予言すること自体、その人の「格」（人格）に疑いが生じます。

ちゃんと勉強した人は、「盗」「姦」「死」について触れない、ということのようです。

さて、その「寿命」について、述べましょう。

私は人相・手相というものにも興味があったのですが、その〝人相〟の中に〝死相〟が現れるということを体験しました。近いもので1カ月半、遠いもので2年ほどでした。

予知能力を高める訓練の本にこんなものがありました。「この10人の中で、写真を撮った

1週間後に亡くなった人が一人います。その一人を当てなさい」というのです。1ページに10人の人の顔写真があり、それが10組続いていました。次ページに〝正解〟が書いてあります。

25枚中21枚が当たったころでしたが、その10組100人の中の10人を、全て当てることができました。自分でもとても驚いたのを覚えています。

本の話だけではなく、そのころ、私自身の体験でも不思議なことがありました。「この人は3カ月後くらいに死ぬ」と思う人がいたのです。

私自身、信じられなかったので、その人に告げることはしませんでした。その直感のとおりにその男性は3カ月ほど後に亡くなったのですが、体のガッチリした、運動部の人でした。交通事故で亡くなったのです。

病気で体が弱ってきていた、そのために〝死相〟が出ていた、というのなら少しは理解できます。しかし、その人は一瞬の交通事故で亡くなったのです。「体が弱っていた」という意味での〝死相〟ではありませんでした。

「死ぬことが決まっていた」、それをたまたま「読み取れた」としか、言いようがないのです。

「未来がどうも決まっているらしい。死ぬときも決まっているらしい」という概念が、私の頭の中に芽生えました。

しかし、私の大学時代は学生運動（私は全共闘時代です）の盛り。

唯物論者でもある私には、にわかには信じられない結論でした。

寿命

私たちは、「自分の死」を知っているらしい

30年ほどの研究で、私の中では、**「死ぬのは病気でも事故でもなく、全て寿命」**というのが結論になりつつあります。

そういう結論に至った実証的な事例を三つほど紹介しましょう。

ある方は、1994年（平成6年）12月30日朝、奥さんの死を迎えることになりました。奥さんは20年も喘息《ぜんそく》で苦しんできたのだそうですが、その薬の強い作用で心臓が弱っていたのかもしれません。ちなみに、肺結核や喘息の人が白砂青松《はくしゃせいしょう》の砂浜で〝日光浴〟をすると症状が軽くなるというのは、潮風のゆえであるらしいのです。そのために〝海水浴〟が一般化したという説もあります。北欧のある国では、喘息患者用の入院施設があるそうですが、岩塩層をくり抜いた地下の病院だとか。

塩分を含む空気を呼吸していると、1週間ほどで退院できるのだそうです。

その亡くなった奥さんは、喘息という持病はあるものの、咳《せ》き込むという発作が起きるとき以外は、普通に生活していました。いや、むしろ、普通というよりはもっと活発に、活動的に生きていたのです。頼まれごとはほとんど引き受け、自ら持病があるにもかかわらず病院のボランティアをしたり、地域のグループの役員などもたくさんしていました。

「疲れ果てて」というような状況ではなく、とても元気に毎日暮らしていたのです。

奥さんが亡くなってから半年ほどの間に、そのご主人は多くの人から同じ話を聞くことになりました。

それは、奥さんの生前の言葉でした。奥さんは生前、親しい友人たちに、「今度の12月30日を迎えたくない」「12月30日が来てほしくない」「何となく12月30日がイヤ」と言っていたというのです。

自ら〝予知〟していたというほかはありません。

この奥さんは、完全な健康体ではないものの、毎日医者にかかるような状況ではありませんでした。

ですから、死去の日も病院のベッドにいたわけではなく、自宅のベッドで急な発作に見舞われたのです。ご主人は救急車を呼び、手を尽くしたのですが、助かりませんでした。

その日を、奥さんは自ら〝予知〟していたように思えます。

やはり、ある方が交通事故で亡くなったのですが、その亡くなる前日、一緒にお風呂に入ったご主人に向かって、こう言ったのだそうです。

二つ目の例です。

「もし私に何かあったら、あと、子供たちのこと、よろしくお願いします」

日常的にそういう言葉を口にする人だったのかと私は尋ねましたが、結婚生活13年で初めての言葉だったそうです。しかも、結婚当初は別として、結婚13年にして「一緒にお風呂に入る」と言ったのも珍しいことでした。子供が生まれてからは、そんなことはほとんどなかったのだそうです。

事故でその人が亡くなったとき、お子さんは6歳、4歳でした。二人とも男の子です。

4年ほどたった法事の日、長男がこんなことを言ったそうです。

「そういえば、お母さんは亡くなる前の日に、ぼくら二人に向かって、こんなことを言ったんだよね。『お母さんがもし死ぬようなことがあったら、お父さんの言うことをよく聞いて、いい子になってね』って」

ご主人の方には「何かあったら」でしたが、お子さんには「死んだら」という言葉を使っていました。

子供二人は、母親が死んだことに動転して、そんなことを思い出す余裕もなかっただけでなく、それから数年間は「母の死」の前後のことさえも思い出したくなかったし考えたくもなかったのでしょう。4年たって〝大人〟になった長男が、やっと口にできたのです。

三つ目の実例です。

10年ほど前（編集部注＝1989年）のことですが、北陸《ほくりく》地方の海べりの道で、バスが大岩につぶされて乗客乗員全員死亡という事故がありました。

その現場の3㎞ほど手前にドライブインがあり、事故に遭ったバスもこのドライブインに停まっていました。バスの運転手さんはこのドライブインの「運転手控え室」（ドライブイン側でコーヒーなどを用意している）で、お茶を飲んで休息していました。

運転手さんはバスの方を見て、とても不思議そうにこう言ったのだそうです。

「おかしいなあ。この時間にお客さんが一人も降りてこないのは初めてだ」と。

時間は午後。日没までにもう少し時間があるところで、午後の眠気が来る時間ではあるものの、15人もの人が乗っているバスでその時間帯に誰も降りないという経験は、運転手さんも初めてだったらしいのです。

そして、こう言いました。

「普通は15分から20分バスを停めておくのだが、誰も降りないので、停めておいてもしょうがないから、行きますわ」

そして、「コーヒー、ごちそうさま」とドライブインの人にお礼を言い、バスに向かい、誰か一人でも降りていたら15分から20分停めていたはずのバスを5分ほどで発車させ、その5分後くらいに崖崩れの下敷きになって、全員死亡、という事故に遭遇したのでした。

ドライブインの人も、「何十年もここでドライブインをしていたが、あの時間帯に誰も降りてこなかったのは初めて」とのこと。

そのバスの乗客（ある都市の、商店街の商店主さんたちのバス旅行だったそうです）は、誰一人として外に降りなかったのです。

トイレにも行かなかった。缶コーヒーや缶ジュースを買いに行く人もいなかった。電話をかける人も、お土産を買う人も、誰一人いなかったのです。

確かに、深夜のバスなどでは、誰も降りないことはあります。が、午後から夕方にかけてのバスなら、誰かは起きており、バスが停まれば外に出ます。それにつられて起きる人も多く、〝誰も降りない〟というのは、運転手さんやドライブインの人が言うように、ほとんどないことだったのでしょう。

誰か一人でも降りていれば、バスは予定どおり15分から20分は停車し、崖崩れには遭わなかったのです。

なぜ、誰も降りなかったのか。

ここから先は、私の推測、推論になります。

そのバスの方たちは、体が重たくて、誰も体を背もたれから持ち上げることができなかったのではないでしょうか。時間的に、全ての人が寝込み、しかも熟睡していた、というのではないと思います。目が覚めている人も、きっといたのです。でも、体が重くて動けず、何かを買いに行く気などにはならなかった。

なぜか。

乗客の全ての人が、（潜在意識で）自分たちの死ぬときが数分後、と知っていたからではないでしょうか。**顕在意識ではわからなくとも、事前に（生まれる前に）シナリオを書いてきた〝私〟は、死ぬときを知っていたのです。**

その数分後の死を知っていたがゆえに、体は元気が出なかった。立ち上がることさえ、できなかった。

その結果として、バスは早く出発した。その結果としてバスは崖崩れに遭い、全員死亡した。死亡することがわかっていたので、体が重く、誰も動けなかった。そのためにバスは早く出発した……。

どこかで、この因果関係を断ち切ることができたでしょうか。

多分、誰にもできなかったのです。必ずそのようになる。それを、私たちの潜在意識は知っている……。

三つの例から、こういう結論が導き出されるのです。

私たちは、（潜在意識の中で）自分の死を知っているらしい、と。

ブッダ宇宙論

「真実」「真理」を知ることと、死期を悟ること

酒井一郎《さかいいちろう》さんは、1969年（昭和44年）、石川《いしかわ》県に生まれました。芝浦《しばうら》工業大学に行きましたが中退します。在学中にはヨーロッパやアフリカなど22カ国を、半年間かけて一人旅をしたりしました。

中退後、スキューバ・ダイビングのインストラクターを目指して沖縄《おきなわ》に住んでいたときのことです。

1992年（平成4年）1月24日のことでした。アパートの部屋でウトウトしていたら、突然、下丹田《かたんでん》（下腹部）と頭頂部のチャクラ（〝気〟の出入り口で、人間には7カ所あるとされている）から白い煙が出たのだそうです。その瞬間、頭をハンマーで殴られたような、ガーンという衝撃があったといいます。

そして、いきなり、**「宇宙の全ては〝空《くう》〟である」**ことを知り、ブラックホールとその特

異点の神秘を悟りました。

「このことを知っている人間が、オレ以外にいるのだろうか」と思ったとき、何かに操られるように本屋に行きました。

何冊か本を手にしましたが、いずれもピンとこない。

宗教書のコーナーに行ってみたのだそうです。そこに「法華経《ほけきょう》」の文字があり、その本を読んだところ全身が震え出し、「これだ、これなんだ」と驚き、感激しました。「お釈迦さまは全てのことを知っていた。宇宙の神秘、全ての答え、最高の真理を、全て知っていた」ことがわかったというのです。

酒井さん自身は、(大学が工業大学であったことからもわかるでしょうが) このときまで大の宗教嫌いであったとか。仏教典も聖書も読んだことはなく、「シャカ」も「イエス」も教科書で名前を見たことがある、程度のものでした。

中学・高校と野球に明け暮れ、数学と物理が得意でアインシュタインが大好き、宇宙飛行士になるのが夢、という理工系の人だったのです。ただ、家族の話によれば、「オレはいつか本当のことを知るだろう、と小学生のときから思っていた」と、何度も話をしていたそうです。

「悟った」あと、酒井さんには次々と神の啓示がありました。酒井さんはそれをもとに論文を書き、その論文を出版する決意をしたのです。１９９３年（平成5年）10月20日、「ブッダ宇宙論」の原稿が完成しました。酒井さんはこのとき25歳でした。

半年後の１９９４年4月17日、酒井さんは階段を滑り落ち、頭を打って急死します。25歳の若さでした。「釈迦」と同じことを認識できた酒井さんが、お釈迦さまと同じ83歳までの寿命を持っていたら、58年間も「真理」や「真実」を人々に教え続けることができたはずです。そうしたら、「仏教」をさらに強化し、宇宙構造を〝科学的〟にひもといた新しい教えが、誕生したかもしれません。

しかし、宇宙は、酒井さんの寿命は、そうなってはいませんでした。

酒井さんは「悟った」あと、お姉さんにこう言っていたそうです。

「自分が死ぬのは17日であることがわかっている。短命であり、そう長くは生きない。10年くらいは生きられると思うが、もっと短いかもしれない」と。

「悟った」ときから８１４日後の死。2年と83日でしたが、予言どおり「17日」に亡くなったのでした。本人は〝2年〟とは思っていなかったらしいのですが、とにかく「17日」というのは予言していたのです。

結論はこうなります。

「未来が確定的に存在している。それを読み取る能力が人間にはある」

酒井一郎さんは、わずか25年の生涯でしたが、『ブッダ宇宙論』という本を残して逝きました。「ブラックホールの特異点のことがわかったら、宇宙のことが全てわかる」という言葉を残して。

ちなみに、本の出版元はソノダ印刷株式会社。

所在地＝〒921－8161　石川県金沢《かなざわ》市有松《ありまつ》4の3の26　電話＝076（247）5157　http://sonoda-p.com/book.html

本の定価は1200円です。

『ブッダ宇宙論』の副題は、「全人類は、最善を尽くして全知全能を目指せ！」というものですが、これは著者の酒井一郎さん自身が考えたものでした。

原稿を書き終えてから3年半後、死去してから3年後の1997年（平成9年）4月8日（この日はお釈迦さまの誕生日にあたりますが）、お姉さんの里華《りか》さんの手により、『ブッダ宇宙論』は本になり、出版されることになったのです。

なお、「悟った」あと、酒井さんはいろいろなことをお姉さんに言い残したそうで、そのうち二つを紹介することにしましょう。

その1。自由に幽体離脱ができるようになった。その方法とは、意識を頭頂部に集中する。すると、ヤカンの水が沸騰してグツグツ煮立って、水蒸気がシューシュー出ていくような感じになる。その出ていく〝水蒸気〟が、「自分」（幽体）である。

その2。ある人がコメディアンをやっているが、のちに世界一の（映画）監督になる。ただし、その前に哲学や真理を語る数年がある。その数年の前に、大きな事件、きっかけがある。それが1994年に起きる。世界一の大映画監督になった彼は、宇宙の真理や真実を伝え始める。哲学的な映画を撮るようになる。

というものです。この〝予言〟を酒井さんが残したのは1993年でした。その人が大事故を起こしたのは翌年（1994年）8月です。

事故の4カ月前に酒井さんは死去しています。自分の〝予言〟を確認することなく、酒井さんは死んだのですが、その〝予言〟どおり、その人はバイク事故を起こし、九死に一生を得ました。

その人の名は北野武《きたのたけし》。

酒井さんの〝予言〟では、大映画監督になる前の〝哲学や真理を語る数年〟のときに、すでに菩薩《ぼさつ》の領域に達しているのだとか。

これからの北野武監督の映画製作の仕事を見守っていれば、酒井さんの〝予言〟の確度がわかるわけです。

ちなみに、酒井さんは自分の過去世を思い出したと言っていたとか。不思議なことに、「昔、自分はこういう人間だった」と思い出した人は、長くても10年くらいで死んでいくようです。

〝魂〟が浄化され、〝死〟に近づいたときのみ、人は自分の過去世を思い出すのかもしれません。

タイタニックの不思議

「確定的未来」を読み解く法則

映画で有名になったのでご存じだと思いますが、タイタニック号という船がありました。１９１２年（大正元年）４月14日夜、大西洋《たいせいよう》の海上で氷山と衝突して、タイタニック号は沈没するのです。乗客は１３１６名、乗員を含めると合計で２２０８名が乗っていました。

沈没した結果、亡くなった人は１５１３名にのぼりました。世界最大の海難事故。沈没することは絶対にないと言われていた船が沈没し、大事故になったわけです。

この船の大きさは、総トン数が４万６３２８トン、幅28ｍ、長さ２６９ｍと、大変大きなものでした。東京方面から北海道《ほっかいどう》へ行くカーフェリーがだいたい１万５０００トン、長さが１９０ｍくらいのものですから、それよりも、総トン数で３倍以上も大きかった、ということになります。

この大きな事件を、まるで予言したとしか思えない人がいました。

その事件の14年前（1898年）に、ある小説が出版されています。その名前は『タイタン号の遭難』というものでした。書いた人（著者）は、モーガン・ロバートソンといいます。

小説の内容はといえば、豪華客船（これは名前が「タイタン号」というのですが）が、時期的には4月、それも処女航海（つまり最初の航海）であり、航海したところは大西洋で、事故の内容は氷山に衝突、というものなのです。まるでタイタニック号の事件そのものでした。

このタイタニック号を造船した会社というのはイギリスの航路会社だったのですが、その船の名前には、ic（イック）というのをつけるのが習わしでした。その会社の船はほとんど~icという名前がついていたのです。ですから、Titanというのにicをつけて Titanicとつけたわけで、土星の衛星であるTitanにicをつけてTitanicと呼んだものでした。ですから、「タイタン」と「タイタニック」はほとんど差がないと言ってよいのです。

モーガン・ロバートソンが書いた『タイタン号の遭難』というその小説は、何と実際の事件の14年も前に書かれたものでした。本になって発売もされたのです。ですから、事件が起きてからいろいろ書かれたものが多いのですが、そういうものでは全くありませんでした。

未来を予知することができる人間が本当にいるらしいということが、この事実からも推定できます。

そういう能力が人間には存在するということと同時に、問題なのは、**どうも未来が確定的に存在しているらしい、まだ起きていないことでも確定的に起きるということであるらしい**、ということを言いたいわけです。

ただし、この話の中で、ではノストラダムスの大予言のようなものが起きて、世紀末のいろいろな不幸な予言が当たるのかという話になりかねないのですが、そういうことではありません。

不幸を、あるいは不吉を予言したものが世紀末にはたくさん増えるのです。そして、世紀のはじめには明るく楽しい話がたくさん生まれます。人間の心理というものはそういうもので、「世紀末」という言葉から連想される、暗く不吉な話がたくさん浮上してくるのです。単にそれだけのことで、いたずらに不吉・不幸を心配する必要はありません。実際問題として、ノストラダムスの大予言の１９９９年７の月、「アンゴルモアの大王」が空から降ってくるという予言は当たりませんでした。何も起きませんでした。

つまり、私が言いたいのは、**予言が当たるから恐れなさいということではなく、未来が確定的に存在しているらしい、それを読み取ることができる人もいるらしいということなのです。**

花が散る

物事は「仮定」ではなく「意志とプログラム」によって起こる

若い人は知らないかもしれませんが、黛《まゆずみ》ジュンという歌手の歌に、「恋のハレルヤ」というのがありました。

「♪ハレルヤ　花が散っても　ハレルヤ　風のせいじゃない」

という歌詞の歌です。

「花が散っても　風のせいじゃない」

と言うのです。こんなすごい（真理の）歌詞を書いたのは誰かと思ったら、なかにし礼《れい》という作詞家でした。この人は「よくわかっていた」人なのでしょう。

花が咲いたあと、数日して花びらが散ります。どんな花でもそうです。一生咲き続ける花はありません。

例えば桜の花。

桜の花を開かせたあと、数日たつと〝花吹雪〟として花びらを散らします。
私たちは、何気なく、「ああ、この風が吹かなければ散らなかったのに」とか、「この雨のせいで散っちゃうんだ」などと言ってきました。

しかし、よく考えてみると、そうではないように思えます。

桜の花は、咲いて何日かしたら自ら花びらを散らすことを〝プログラム〟として自らの中に予定した上で、花を咲かせたのでしょう。〝風が吹かなくても〟〝雨が降らなくても〟必ず桜の花は花びらを散らしたのです。自らの意志で、自らの〝プログラム〟として。

私たちはそういう因果関係が見えずに、桜の花が散るときに、風のせいに、あるいは雨のせいにしてきました。

桜の花は、咲いたら何日後かに、自らが〝散る〟ことを決めて生まれてきたのです。

では、桜の花がそうであるなら梅の花は？　バラの花は？

桜も梅もバラも、全て同じバラ科の花です。同じように、「自らの意志で花びらを散らす」のです。では、シャクナゲは？　ボタンは？　アヤメ、カキツバタは、キキョウは、と考えていったとき、同じ結論になりました。

「全ての花は、自らの意志で咲き、その後散っていく」

という結論です。

では、「自らの意志とプログラム」で生まれ出てくるのは植物だけなのでしょうか。

いや、多分そうではないでしょう。全ての花が散るときを自ら決めて出てきたように、人も、自らの意志で「散る」ときを決めて出てきたに違いないのです。

〝未熟な私〟には、桜の花びらが散るのは「風のせい」であったり「雨のせい」であるようにしか見えません。

が、〝見る目〟を養った人には、その因果関係が見えるのです。ですから「風のせい」にも「雨のせい」にもしない。

花びらが散るのは、「自らのプログラム」によるものです。同様に、人が死ぬのも「自らのプログラム」によっているに違いありません。

「もしあのとき、あと10分早く救急車を呼べていたら助かったのに」と、人の死を我が身の責任として悩み続ける人がいますが、どうもそのような必要はないようです。**全て自らのプログラムによって、その人自身が、生まれる前に書いてきたようです。人の死は、**「A病院でなくB病院に入れれば助かったのに」とか、「海に行楽に行くのでなく、山に行っていれば事故に遭わず、死なせずにすんだのに」などと思い悩むことは無意味。

そんな「仮定」の話は、はじめからどこにも存在していません。生まれるのも死ぬのも、全て自分で「決めて」、人は生まれ出たらしいのです。

アナグラム

「名前」に込められた人生のシナリオ

人は偶然に生まれ出てくるのではないらしい、という話をしましょう。

アナグラムは、日本語に訳すと「字謎《じなぞ》」です。

「文字の並べ替え」をすると、そこに違う文章が発見できることがあるのです。

生まれながらに人生のシナリオが決まっているらしい、と私自身が導かれたいくつかの証拠があるのですが、アナグラムもその一つでした。

例えば、私の名「こばやし・せいかん」は音としては本名です。この8文字を並べ替えると「完成後速《かんせいごはや》し」となります。「完成したら、あとはひたすら速く走れ」という意味にとれました。

古典芸能の一つ・能に、「**序**《じょ》」「**破**《は》」「**急**《きゅう》」という言葉があります。

はじめ、師匠に教わっているときはとにかく「問答無用」、口答えせず、ひたすら「まねる」。

「学ぶ」という言葉は「まねぶ」から発生したくらいですから、「学び」の基本は「まねる」こと。師匠の教えをひたすら吸収し、自分の基礎、土台を築くことが「序」なのです。

それを続けていくと、従来の「型」を「まねぶ」だけでなく、自分の「型」を作りたくなる。それを「破」と呼びます。風船がふくらんで割れるように、吸収した結果としてふくらみ、割れるのです。

ちなみに、その「破」を確立し、自分なりの流儀でやり始めることを「立破《りっぱ》」と言いました。それがのちに「立派」という文字になります。

そして三つ目が「急」。自分の「型」ができたなら後ろを見ずに走ること、それが「急」。

私にとっての「速し」も、「急」と同じように解釈しました。新しい価値観(「幸」も「不幸」も存在しない。そう思う「心」の問題だ、との宇宙のとらえ方)が〝完成〟したなら、あとは何も考えず走れ、「急げ」「速く」、というメッセージとしてとらえたのでした。

最初のところで書いたように、私は超常現象の研究者ではありましたが、「唯物論的な研究者」でした。海水には塩が入っている、溶けている、というとき、「そんなばかな」と否定する人と、「そうですか」と肯定する人のほかに、第3のパターンとして、自分で確認してみようとする、そういうタイプの人がいますが、私は第3のタイプの人間でした。

自分で確認してみよう、という主義なのです。

そして、20年ほど、海水を煮詰めてきました。その結果、20年たち、40歳あたりで、「海水の中には確かに塩が入っている」という結論になりました。

どうやら、神や仏もいるらしい、「未来」というものも決まっていて、そのとおりに出来事が起きるらしい、生まれるときも、どのような状況を背負って（これを「宿命」と言います）生まれるのかも決めて生まれてきたらしい、死ぬときも決めてきたらしい、という結論にです。

唯物論的立場で出発し研究を続けてきた人間ですから、「神や仏などいない、未来や運命は全て自分の手で切り開ける」という考え方（唯物論）と、「神や仏が存在するらしい。未来も運命も決まっているらしい」との結論が、ほぼ50対50になったのには困りました。どちらが正しいのか、どちらを信ずればよいのか。

そんなとき、私の右脳の上、45度、40㎝くらいのところに何者かが存在していて、そこから「自分の名を組み替えてみよ」とのメッセージがあったのです。

そして、名前を組み替えたら、「完成後速し」でした。「新しい価値観ができたのなら、後ろを見ずに走れ」というように解釈しました。

「名前の中に〝使命〟が隠れている」という事実に驚きましたが、それは取りも直さず、「生まれながらにして〝使命〟が決まっている」ということになるではありませんか。

「私」が努力したり頑張ったりすることで〝使命〟が決まってくる、ということではないとの結論になるのです。

「唯物論的考え方」は私の中に10～15％くらい、まだ残っているように思います。が、それは逆に、「研究者」としては喜ぶべきことなのかもしれません。全ての現象を頭から信ずるより、やはり科学的に、物理的に批判する心を持ちながら見ていく方がよいようだ、と私は今も思っています。

「後ろを見ずに走れ」とのメッセージを（名前から）受け取った私は、精神世界に関する講演や原稿の依頼について、それ以後は断らないことにしました。そうしたら、頼まれること、頼まれること……。

私はこういうところに連れて来られるようになっていた（そういうシナリオで生まれてきた）らしい、との思いを強められる結果になりました。

ウェリントンのアナグラム

人生に起こることは、全て「必然」である

私自身のアナグラムのほかに、こんな例もあります。

アーサー・ウェリントンという人がいました。生まれたのは1769年。死んだのは83歳の1852年。

フランスのナポレオンとワーテルローで戦い、ナポレオンを破ったイギリスの将軍です。将軍としては有能な戦術家であったウェリントンも、頑固で柔軟性のない性格から、部下の軍人からあまり好かれていませんでした。

こんな逸話が残っています。

あるとき川に落ちてウェリントン将軍は死にそうになった。すんでのところで若い兵士に救われ、一命を取り留めた。

「何でも好きな褒美をやろう」と言うウェリントン将軍に、若い兵士はこう答えたそうで

す。

「私が将軍を助けたことを黙っていてください。誰にも言わないでください」と。

ウェリントン将軍は「なぜ？」と聞きました。

その答え。

「私が将軍を川から助けたことが仲間に知れると、私が川に投げ込まれます」

そういう〝不人気〟な将軍でした。いつもいつも周りの人と闘い、公私ともに争いの中にいたのです。

ウェリントン将軍の本名はアーサー・ウェルズリー（Arthur Wellesley）というものでした。この15文字のアルファベットを組み替えると、「Truly he'll see war」「間違いなく彼は闘いに会うことになるだろう」となるのです。

好戦的で、攻撃的で、いつも公私に争い（war）を見ていたウェリントン将軍。そういう人生が決まっていました。生まれながらに。

実名は挙げられませんが、ある女性が3回離婚し、今は結婚前の氏名に戻っていました。

今は自分でお店をやっており、多くのお客さんが来て、お喋《しゃべ》りをしていきます。私も何度か行ったことがあるのですが、一人のお客さんは2時間も3時間もいてお喋り。買う商品は500円とか1000円とかのものですから、客一人の単価、粗利は低いのですが、それでも何年もやっているのです。そういう「場所の提供」が〝使命〟であるらしく、現在の氏名からは「癒やしの場を提供する」というような意味の文章が出てきました。

「ピッタリ」と本人も驚き、喜んだのですが、不思議なことに、結婚していたときの三つの氏名（当然違う姓でした）をいくら組み替えても、何の文章にもならなかったのです。

もともと生まれながらの名前（氏名）でなければならなかった、必ずもとの名（氏名）に戻されるようになっていた、そういうシナリオを書いてきた、としか思えません。

ちなみに、小文字の「ゃ」「ゅ」「ょ」や「っ」は大文字でも使ってよいようで、濁音は使っても使わなくてもよいらしい。

それと、「……せよ」というような、命令的な文章は出てきません。例えば「里の慈雨《じう》」という文になった方がいますが、「里」のイメージとしては、「のんびり穏やかに、平和に人々が暮らすところ」ということになるでしょうか。

「人が力量を競い合いながら、比べながら出世していくところ」などというイメージはありません。その「里」に「慈雨」（恵みの雨）ということですから、「楽しく幸せに穏やかに暮らす人々が、雨が降らないことで困り、争いごとが起きようとするとき、恵みの雨が降ってきて、その緊張を和らげる」ということになるでしょうか。そういう役割を、その人は担ってこの世に出てきた、ということらしいのです。

このアナグラムは、よく「やってくれ」「見つけてくれ」と言われるのですが、興味本位でやっても見つかりません。今、何かを「やらされている」のなら、それらしい文に出会うことになりますが、世のため人のため、社会のためにまだ貢献しておらず、自分の喜びや楽しみを主に追い求めている場合、あるいは給料をもらう仕事だけに明け暮れている場合には、なかなか出てきません（私がいくら考えても、本人にそういう〝役割〟が始まっていないと、私にもわからないのです）。

ただ、**そうなっている、名前の中に生まれながらの使命、役割がある**、ということだけはお伝えしておきます。私たちは、一人一人が、その姓の家を選び、生まれ、親に「私の名」をつけさせたらしいのです。

〝偶然〟につけられた名前など、一つとしてありません。

選択肢

決断の場面は「選ばざるを得ない」形で現れる

以上、いくつも実例を示してきました。全ての実例が示していたものは、「未来が確定的に存在している」ということでした。その一部に「病気」や「事故」も「トラブル」も存在し、終わりに「死」が存在しているらしい、ということなのです。**私たちは自分の意志で方向を選択しているようですが、実は、選ぶ道は「生まれる前に書いた自らのシナリオ」のとおりであるらしいのです。**

よく聞かれる質問に、「じゃあ、どのようにし、どのように選んでも同じ結果になるのか。どちらを選んでも同じ結果なのか」というものがあります。答えはノー。「どちらを選んでも同じ」結果になるのではありません。「努力してもしなくても同じ」なのではありません。「右を選べば盛岡《もりおか》、左を選べば新潟《にいがた》」のように、二つの電車があれば、「どっちに乗っても同じ」なのではなく、選んだものによって行き先は違うのです。ただ、そのとき（置かれた状況によって）どちらを選ぶか、は全て自分の判断によるわけですが、この〝選択〟こそが、予《あらかじ》め全て〝決まっている〟らしいということです。

「生まれる前に書いたシナリオどおりに選択」しているらしい。全ての選択が、生まれる前に予め決めていたとおりの選択結果であるらしい……。

私たちは「選択」しているようだけれども、実は「選択」しているのではない、という結論になりました。まだ体験していない〝未来〟で考えるとわかりにくいので、〝過去〟で考えてみます。

私たちは多くの場面で「選択」してきたように思ってきました。しかし〝過去の選択〟を考えてみると、ほとんど（いや、あるいは全部）、「選択の余地がなかった」のではないでしょうか。

私自身の例で言えば、21歳のとき、私は親から「家業を継がないのなら出ていけ」と言われました。私の父は、私に三つのテーマを教え込んできました。「正義感」と「責任感」と「独立心」です。「独立心」は特に力を入れていたらしく、「他人に頼るな」「自分の努力で道を切り拓け」と言い続けていました。

その結果の「継がないなら出ていけ」です。「わかった。出ていく」と、家を出ました。

10年後、父とは折り合い、月に一度ほどのペースで（私の妻の手料理で、私の家で）一緒に食事をするようになりましたが、そのときの父の発言はこうでした。

「まさかあのとき本当に出ていくとは思わなかった。あとを継がせるために『継がないのなら出ていけ』と言ったが、『出ていけ』の方に力点があったのではなく、手伝わせて、継がせるために、その言葉を言った。出ていったあと、2〜3年以内に泣きついて来ると思っていたが、泣きついて来なかった。小林家の教育は、半分は成功して半分は失敗だった。確かに『正義感』も『責任感』も『独立心』も植えつけることに成功した。しかし、失敗は、それが〝過ぎた〟ことだ」

私は、親から「出ていけ」と言われたとき、「出ていく」という選択をするように、〝独立心〟を養ってもらってきたのです。親自らの手で。

そういう親を私自身が選択して生まれてきたのでした。

家を出た私は、司法試験の勉強のために普通の（朝9時〜夕5時という）アルバイトはできず、机の上でできるアルバイトはないかと探しました。その結果選んだのが、好きな旅に関する投稿です。旅の原稿をあちこちに（有料、無料を問わず）送り、ほとんどが採用されました。その原稿が旅の本を出していたところの編集長の目に触れることになり、「原稿を書いてみてくれ」と言われ、書いて渡したら「本になったよ」との連絡をもらい、それが印税というかたちで収入になって……、と展開していくのです。

旅行作家として年間１２０泊から１８０泊するうち、行く先々の宿で人相手相を観、人生相談を受けることが多くなりました。ここまでも、私の〝選択の余地〟はありません。ただただ、大きな力に流されてきただけです。

多くの人の人生相談に乗るうち、自宅への連絡が増え、旅行関係の著述に支障が出るようになりました。相談の内容が同じようにまとめられるため、それに対する答えをワープロで打ってコピーし、「無料で配っていい。無料でコピーしていいです」と流しました。当然、相談事が少なくなるだろう、と思ってしたことでした。

が、それが全く逆に出て、相談事が増えるのです。前にも増して時間がなくなったときに、坂本道雄《さかもとみちお》社長が現れ、『22世紀への伝言』というそのコピー資料を、本にしてくださいました（編集部注＝現在は廣済堂《こうさいどう》出版より復刊）。そのために（私の本のために）、わざわざ専用の出版社（弘園社）を設立してくださったのです。

あとは、その本を読んだ方たちが、「講演してくれ」「話を聞きたい」という動きになりました。

全てどこにも、「私」の「選択肢」はありません。ただただ、そのようにせざるを得ず、流され、動かされてきたのです。少なくとも「私」、小林正観の人生については、こう言い切ることができます。

「私の人生に、選択肢はなかった。それしか選べなかったし、必ずそうなるようになっていた。ほかの選択肢はなかった」と。

よく考えてみてください。

私たちに果たして「選択肢」があったのか、と。過去の全てが「選択の余地がなかった」のではなかったか、「そう選ばざるを得なかった」のではなかったか……。

〝過去〟が全てそうであるなら、これからの〝未来〟にも、多分、選択肢はないのです。全て、〝そのようにしか選べない。それしか選べない〟。

〝未来〟について言えば、これから選択すべきどんな状況でも、どんなに慎重に、考慮しても構いません。しかし、その選択の結果は**「全て生まれる前からの予定どおり」「シナリオどおり」**なのです。

では、その「シナリオどおり」でない人生を歩めないのかと、「右に行くように見せて」左に行ったとします。「フェイントをかけた」のですが、その「フェイントをかけた」こと自体がシナリオとして決まっていました。

例えば、ある本を読んだ結果、あるいはある人に出会った結果、今までの生き方と違う生き方にする、と決めたとします。怒鳴りまくっていた人が、「決して怒らないことにしよう」と決意したとします。周りの人たちから見たら、「怒鳴っていた」人が「怒鳴らなくなった」のですから、明らかに「変わった」と言ってよいでしょう。けれども、本人のシナリオで言うなら、「予定どおり」「シナリオどおり」の結果です。何も〝変わってはいない〟のです。

その人に出会うようになっていた。その話を聞くようになっていた……。

さらに遡《さかのぼ》れば、〝その人〟に会うために、何千人もの人が必要でした。一人でも抜けていたら〝その人〟に会うこともなく、本を読むこともありませんでした。

つまり**〝偶然〟に〝その人〟に会ったり、〝偶然〟にその本に出会ったりしているわけではないのです。**

第3章

全てを大事にすれば、全てが幸せ

――さまざまな人生

同じドミノ

全てが大事なこと、全てが大事な人

「死」と直接的な関係があるのではないのですが、「何千人の人と出会うことで〝今〟がある」という話を、ここでしておきたいと思います。

例えば、「超能力者」ということを考えてみます。

第2章で書いたように、〝超能力〟的なものは全ての人が持っています。訓練によっていくらでも花開きます。

「全ての人が超能力者」なのです。では、次の質問に対して、どういう答えになるのでしょうか。

「世の中に、〝超能力者〟がいるのでしょうか？」

答えは2とおり。

「超能力者はいる」

「超能力者はいない」

どちらも正しいのです。

〝超能力〟を使いこなす人がいるのだから、「〝超能力者〟はいる」。

けれども、全ての人がその〝超能力〟を持っているのだから、「〝超能力者〟はいない」ことになる。

「普通の人」（超能力者でない人）はいない、と言えると同時に、全ての人が〝超能力者〟なのだから、〝超能力者〟が「普通の人」なのだ、ということになるのです。

同様に、私たちの人生にとって、「大事な人」がいるのだろうか、と考えてみましょう。「私」の人生に大きな影響を与える人がいる。その人は「私」にとって「大事な人」です。

しかし、会う人全てが「私」に影響を与えています。その影響の「大」「小」は、「私」が勝手に決めているだけで、本当の「大」「小」はわからない。

冷静によく考えてみれば、「ささいなこと」や「何気ないこと」が「私」の人生を決めていることに気づきます。つまり、「大事なこと」と「大事でないこと」に区別はできないのです。

同様に、「全てのことが大事」ということに気がついたとしましょう。**目の前のことが全**

て「大事」なのですから、「大事なこと」は存在する。しかし、「全てのことが大事」なのだから、「大事なこと」は存在しない。

いのです。

「大事なこと」は存在すると言ってもよいし、「大事なこと」は存在しない、と言ってもよいのです。

私たちは、ドミノ倒しのように、次から次へと「因」と「果」を積み重ねて人生を歩んでいます。

その一つ一つの「ドミノ」は、材質もかたちも重さも、全て同じものです。どれかが特に大きいわけでもなく、どれかが小さいわけでもない。かたちが違うわけでもなく、重さも全て同じです。

この本の題名にした「**生きる大事・死ぬ大事**」にしても、同じことが言えます。

「大事に生きる」こと、「生きることを大事に考える」ことは、決して悪いことではありません。

しかし、「生きることは真剣にまじめに考える」のに、「死ぬことを真剣にまじめに考えない」のは、おかしい。

「はじめに」に述べたように、「白」と「黒」のどちらかに、より大きな価値があるわけではないでしょう。対比することで、その両方のよさ、あるいは本質みたいなものが、浮かび上がってくるのです。

全て、目の前に起きることが、同じ価値を持つこと、つまり「全てが大事なこと」「全ての人が大事な人」がわかったら、「大事なこと」や「大事でないこと」がない、分けられないということにも気づくことでしょう。

「全てのこと」が同じ大きさ、かたち、重さのドミノである、ということに気がついた瞬間から、その人は、目の前の現象について一喜一憂することがなくなるような気がします。

魂のシナリオ

全てを受け入れれば、不幸も悲劇もなくなる

「自分の意志で選んだ結果が全て、生まれる前に書いた自分のシナリオどおりである。選択のとき全て生まれる前のシナリオどおりに選択している」という結論になったとき、私は〝宇宙〟にこういう疑問を投げかけました。

「シナリオどおりの選択は１００％なのか。70％とか80％ではないのか。１００％なら、なぜ１００％なのか」

１９９８年（平成10年）12月、３年ほど投げかけ続けていたこの問いに、答えが返ってきました。私の〝顕在意識〟ではとても思いつかない答えでした。ですから「私」が考えた答えではありません。「私」にはこんな答えは想像もできない。

その答えとは、「生まれる前にシナリオを書いた魂が、今、体の中に在るからだ」というものでした。その状況になったらこちらを選択する、と書いたシナリオどおりに、今の

〝私〟の中にいる魂が選択するのだそうです。

それだったら、確かにそうでしょう。それなら間違いなく、シナリオどおりの選択100%です。70%や80%ということはありません。

「全てが自分のシナリオどおり」ということが受け入れられたら、目の前の現象に対する「不平不満」「愚痴」「泣き言」「悪口」「文句」（これを私は「五戒《ごかい》」と名づけました）は出て来なくなるでしょう。病気や事故やトラブルに関しても、それについての非難も呪いも恨みつらみも出て来ることはなくなります。「私」のシナリオどおりであり、その「シナリオ」を書いたのが「私」自身だからです。

なぜ、そのようなシナリオを書いたのか、という疑問が生じる場合もあるでしょう。

自分の人生を「つらく」「悲しく」「むなしい」と思う人は、「自分でなぜこんなシナリオを書いたのか」と納得できないかもしれません。

実は、それこそが答えなのです。

「つらく」「悲しく」「むなしい」と思う〝事実〟は、実は宇宙的には存在していない。「そう思う心があるだけ」です。「不幸も悲劇も存在しない。そう思う心があるだけ」なのです。

ですから「つらく」「悲しく」「むなしい」こと、というのが、すでにそう思い、そう決めつけた〝私〟の結論である、ことに気がつくと、楽になれます。

どんなことが起きても、それを「不幸」や「悲劇」と思わずに、むしろそれを「喜び」や「幸せ」と〝正しく〟とらえ直すこと、そのことこそ、今生《こんじょう》で問われています。

「不幸」や「悲劇」に耐えるためにこの世に生を受けたのではありません。

「不幸」も「悲劇」も、もともと宇宙的な事実として存在するわけではない、そう思う、そう決めつける〝私〟がいるだけだ、ということに気づきなさいというのが、〝魂のシナリオ〟であるらしいのです。

“念入り”に生きる

「今」を大事にする「心」を持って生きる

全ての選択が予定どおり、過去の判断も全てシナリオどおり、ということになれば、何も考えたり悩んだりする必要がないじゃないか、という声が聞こえてきそうです。

そのとおりです。全てが、どのような選択であっても、その選択のとおりのシナリオを書いて私たちは生まれてきたらしいのです。

ところが、その考えから「努力しても努力しなくても、未来が決まっているのなら、努力してもばかばかしい。努力などやめた」との結論を出した学生がいます。そういう結論を選んでも（それがシナリオなのですから）構いませんが、私が言っていることとはちょっと違うので、もう一度言っておきましょう。

「努力をしてもA大学に入り、努力をしなくてもA大学に入る」という場合を、「努力してもしなくてもA大学に入る」と言います。

私が言っているのはそうではありません。「努力をすればA大学、努力をしなければA大学には行かない」という現象が、選択肢として〝宇宙的〟には存在しているが、「私」は「努力をしてA大学に行く」あるいは「努力をせずに、A大学に行かない」という選択をするのだ、ということです。

「どっちを選んでも同じこと」なのではありません。そこは思い違いをしないでほしいのです。たまたま、この文章を読んで曲解して、「努力してもしなくても同じ結果だ。じゃあ、遊んで暮らそう」という結論になっても、私は「そういうシナリオを書いていたんですね」と思いますが、一応、その解釈は間違いだ、曲解だ、とはっきり言っておきたいと思います。

さて、「選択した道が全て予定どおり」「シナリオどおり」だとすると、何日間か考え込んでいても、即断即決してもいいのか、ということになりそうです。「選ぶ道が全て生まれる前のシナリオであるなら、何を考えても無駄。やる気がなくなった」という人が、今まで数人（何万人かの中の数人）おられました。そういう結論になっても構いませんが、私は、違う結論に至っています。

「過去に選んだことは全て予定どおりであり、ベストの選択だった。これからの未来の選

択も全て予定どおりであり、ベストの選択である」というのが私の結論です。選択したことに「間違い」というものもなく、「間違い」が存在しないから「正しい」というのもなく、ただ淡々と選択を積み重ねていくにすぎません。

「右へ行ったら幸せ。左へ行ったら不幸」と占い師に言われたら、多くの人は「右」へ行くでしょう。

私だったらその占い師にこう尋ねます。「何が幸せで何が不幸なんですか？」

右の幸、左の不幸が存在するわけではなく、「私」が右に連れていかれても左に連れていかれても、その行った先で「私」が「幸」を感じるのか「不幸」を感じるのか、の問題なのです。「幸」と「不幸」が宇宙現象として絶対的に存在するわけではありません。

ですから、私には〝選択の迷い〟がほとんどありません。「全くない」と言い切ることができないのは、「今までのところ選択の迷いがなかった」と言えるだけで、これからの出来事について全く「迷い」が生じないかということについては、断言できないからです。ですから「ほとんど」になりました。

過去の選択について後悔することもなく、未来の選択についても心配をせず考え込むこともない。

小林正観という人間は、では何も考えずに生きているのか。

その答え。

一つだけいつも考えていることがある。しかし、それ以外のことは考えていない。

〝過去〟を悔やむことはなく〝未来〟を心配することもない。ただ一つ考えているのは、「念を入れて生きる」ということだけなのです。

「念」という字を分解すると、「今」の「心」と書いてあります。「念」を入れるということの意味は、とてもわかりやすく文字に書いてあるのです。

「念」とは「今」の「心」。「今」を大事にする「心」。

「今、目の前にいる人を大事にし、今、目の前にあることを大事にすること」

お釈迦さまが、弟子にこう聞かれました。

「お師匠さまは神通力にすぐれ、人の前世や来世が見えるとのことですが、私の前世はどんなものだったのでしょうか」

お釈迦さまはこう答えたそうです。

「そんなことは考えなくてよいから、今日《こんにち》、ただ今、この刹那《せつな》を大事にして生きなさい」

弟子はしばらく黙っていましたが、再び聞きました。

「私の来世はどんなものでしょうか」

普通の人なら「わからずや」と呼ぶところでしょうが、お釈迦さまはやはり静かに、こう言いました。

「そんなことは考えなくてよいから、今日、ただ今、この刹那を大事にして生きなさい」

お釈迦さまが使った「この刹那」というのは、今の一瞬一瞬のこと。

現代では「刹那主義」と言えば「今さえよければあとはどうなってもいいと思うこと」との意味ですが、本来の「刹那主義」とは一瞬一瞬を大事にして生きる思想、考え方のことでした。

「念」という文字を考えたのは今から3500年前、紀元前1500年の中国の漢字博士です（何者かは不明）。

「刹那主義」を考えたのは今から2500年前、紀元前500年のお釈迦さま。

二人とも、おそらく、空から宇宙から、同じことを教えてもらったに違いありません。そこに、時代を超えた、時空間を超えた真実があります。

私も時々人から聞かれます。

「私の前世は何だったのでしょう」

そのたびにお釈迦さまの答えを引用していますが、時にこんな回答もつけ加えます。

「仮に前世が殺人者で、あるいは強盗で、あるいは詐欺師であったとしましょうか。では、今生でのテーマは何だと思いますか？」

「わかりません」

「今生では、ほかの存在、これは人だけでなく動植物全ての存在ですが、その存在たちから喜ばれる存在になることではないでしょうか」

「なるほど」

「では、前世で、多くの存在たちから喜ばれる存在だったとしましょう。今生でのテーマは何でしょうね」

「……」

「今生でのテーマは、もっと喜ばれる存在になりなさい、ということではないでしょうか。そう考えたら、前世が何者であったかはどうでもよいということになる。今生でのテーマは、いかに多くの存在物から喜ばれる人になるか、ということですよね」

　私のこの考えは、「念」という言葉から生まれ出てきたものです。

「念」という言葉は、「念じるとそうなる」「そうならないのは念じ方が足りないからだ」

というように、「自分の思いどおりに未来を作る」「未来を呼び寄せる」という意味に使われてきました。

しかし、「念」ということの本当の意味としては、そんな「未来的」な意味は全く含まれていないのです。「念」とは「今」の「心」、としか書いてないのですから。

そして、**仮に、目の前の人を大事にし、目の前のこと一つ一つを大事に、やっていったとします。その「念」を入れた生き方は、〝未来〟につながっていくでしょう。**

「今」が独立して存在しているわけではない。「今」の積み重ねが〝未来〟を作っているのです。

対面同席

人生で出会う人は、「全て味方」と考える

お釈迦さまの言葉に「対面同席《たいめんどうせき》五《ご》百生《ひゃくしょう》」というのがあります。対面し同席する人というのは、最低でも500回、人生を一緒に過ごしているという意味だそうです。

私の場合、身長が176cmなのですが、どうも、距離が176cm以内の人とは、だいたい前世5世以内にかなりの縁があったということが言えそうです。

あるいは、食事をする人の数というものを考えてみます。私たちが食事をするときに同席している人というのは、ほとんどが家族であり、あるいは会社の同僚、親しい友人・知人ということになっています。

しかし、それ以外の人の人数を仮に考えたときに、自分の生涯の中で1000人を超える人と食事をしている人はまれなのではないでしょうか。ほとんどが数百人の単位で終わっているのではないかと思います。

よく考えてみると、ほとんどの食事は、家族あるいは職場の同僚と一緒です。それ以外の人と食事をするというのは、よほど特別な状況や環境に置かれていない限り、そう多くはありません。少ない人では100人とか200人という人もいるはずです。多い人でも数百人の範囲。

ということは、一緒に食事をするということは、ものすごく密なる人間関係であるということが言えるのではないでしょうか。同様に、仮に自分と気持ちの合わない、あるいは自分を借金取りというかたちで追っかけてくるというような人間関係でさえも、それは前世までに非常に親しい関係があったということが言えそうです。

私たちには敵とか味方という区別はなく、本来、今生でそういう役割をお互いに演じながら、「お互いに支え合って生きていく」「お互いに助け合って生きていく」「お互いに依存しながら生きていく」という関係を、シナリオで書いて出てきているのかもしれません。

今生ではどんな関係であっても、前世までにとても親しい関係であった人が、私たちの周りに現れてきているということになるようです。

輪廻転生《りんねてんしょう》

人間の魂は「喜ばれる」大切さを記憶している

人に入っている魂というのは、人間に入る前に、どうも四つのボディを通り過ぎてきたらしいのです。

最初に鉱物。これは一般的に生命のないものとされていますが、例えば石やコップ、機械などというものですが、そういうものに入っていたらしい。もちろん例外はありますが、だいたい、鉱物に10万回ほど入っていると、次に植物に変わるらしいのです。

植物に10万回入り込んで生まれ変わると、次に動物を経験するらしい。動物を10万回経験したあとは、雲を10万回、そのあとにやっと人間に生まれ変わるということになっているようです。

これは概要で言うと、だんだん自由度が増してくるというとらえ方も間違ってはいないと思います。つまり、鉱物の場合は、自分の手足を動かして動くことができない。次に植物の場合は、足は動かないけれども、とりあえず手は動く。葉を動かし木の実を落とし、あるいは鳥を呼び寄せて鳥によって種子を運んでもらう、というかたちです。

動物になると、自分の足で数km移動することができます。空の雲はさらに自由度が増して、あちこちに行くことができます。

人間になると、道具を使うというかたちで何千km、あるいは何万km移動することができます。今は、30万km（編集部注＝2017年現在は38万km）離れた月にも行くことができるようになり、さらにもっと遠くの火星にさえ人間が足で立てるかもしれない、という状況になっています。

人間を10万回やった結果として、基本的にもう人間には生まれ変わらないようなのですが、ごくまれに、自分で希望してまだボディを持って生まれ変わりたいと望む人もいるようです。その場合に、すでに全部の50万回の輪廻転生を終えた魂は相当レベルが高い状態になっているので、次に選ぶボディというのは、動物を選んだ場合はイルカかクジラ、植物を選んだ場合には蓮《はす》の花になるのだそうです。

イルカというのは体長が4m未満のものを言い、クジラは5m以上のものを言いますので、イルカとクジラは同じものです。イルカやクジラは、いかに自分が人間に対して憩いや安らぎを提供するか、ということを役割としてこの世に存在しているようにも思えます。

同様に、**蓮の花というものも、人間に勇気を与えてくれるものです。**

蓮の花は、泥水からしか立ち上がってきません。真水からは立ち上がってこないのです。

私は10年ほど蓮の花を観察しているのですが、泥水が濃ければ濃いほど、蓮は大輪の花を咲かせます。泥水が薄ければ薄いほど、つまり水がきれいであればあるほど、小さな花しか咲かせません。


泥水というのは人間の苦悩・煩悩《ぼんのう》です。**人間が苦悩し、悩み苦しむことによって、その悩み苦しみが濃ければ濃いほど、蓮の花は大輪の花を咲かせます。つまり、悟りが大きいということなのです。**悟りが大きいということは大輪の花であり、美しく華麗な花を咲かせることにほかなりません。

そのように、蓮の花というのは人間に喜びを与える、勇気を与える存在でした。お釈迦さまは、その蓮の花の役割というものを知っていたに違いありません。お釈迦さまは台座に蓮の花を選びました。蓮華座《れんげざ》と言うのですが、こういうことを知っていたお釈迦さま、そういうことを知っていた上で蓮華座に選んだお釈迦さまというものに驚嘆せざるを得ません。

この一連の私たちの生まれ変わりである鉱物、植物、動物、空の雲、そして人間というかたちへの移り変わりは、いったい何を意味しているのでしょうか。

それは、**いかに喜ばれる存在になるか、いかに自分が能動的に喜ばれる存在になるか**、ということだと思います。

蓮《はす》の花

「泥水＝悩み、苦しみ」が濃いほど大輪の花が咲く

蓮の花のことをさらに詳しく述べたいと思います。

輪廻転生のところで少し触れましたが、魂は、人間を10万回ほど経験したあとに、肉体を持たない存在になるらしいのです。それを一般的に神と言いますが、その神の最下級生が、どうも守護霊であるらしいのです。

本来、守護霊になるべき存在が、「どうしてもまだボディを持ちたい」「まだ体を持って生まれ変わりたい」と念じてお願いをしたときに、生まれ変わるものが二つ。それは、動物になった場合にはイルカかクジラ、植物を希望した場合は蓮の花になるといいます。

蓮の花というのは大変に霊格が高いものであるらしいのです。私自身、蓮の花に興味があって10年ほど観察を続けていますが、蓮の花は泥水が濃ければ濃いほど、つまり汚れていればいるほど大輪の花として咲きます。水が真水に近ければ近いほど、きれいであれば

あるほど、蓮の花は小さくしか咲かないように思います。

つまり、**人間の悩み苦しみ・苦悩・煩悩という泥水によって、蓮の花（これは悟りのことなのでしょうが、大きな悟り）が得られるということを示しているのに違いありません。**

蓮の花は、それゆえに泥水の中から立ち上がってくる。その花を見て、人々は勇気づけられ、力を得るのです。そのために蓮の花は存在しているのかもしれません。

人を勇気づけ、どろどろ、ぐちゃぐちゃになった状態でもいい、そこから立ち上がってくること、その悩み苦しみ・苦悩・煩悩が濃ければ濃いほど、泥水が濃ければ濃いほど、美しく大きな花を咲かせるということを宇宙は示したいのかもしれないのです。

蓮には三つの特徴があって、

一　花果同時《かがどうじ》……花が開いたときに、すでに果実の赤ちゃんが中にいる、という大変珍しい花ですし、

二　汚泥不染《おでいふせん》……どんなに汚い水の中から立ち上がってきても、絶対に花が汚れることはなく、

三　蓮花《れんげ》にあだ花なし……咲きそこなったり、汚く咲く花はない。

ということが言われています。

花の中では大変珍しい特徴を持っている花のようです。

蓮花というのは非常に霊格が高く、元気を失った、あるいはしょげ返っている人間に勇気を与え、励ましてくれる存在であるようです。

花でありながら、植物でありながら、人間よりも霊格が高く、その人間に勇気を与え励ましてくれる存在というのは、何とも楽しい話ではありませんか。

ちなみに、蓮の葉にできる朝露の雫《しずく》は、飲むとのどを通り過ぎる前に口の中で吸収されてしまうような感じがし、そのわずかな残り水がのどを通ったときにとても甘い味がします。

前日に雨が降っていないこと、朝、午前10時を過ぎないこと（蒸発してしまうので）など、いろいろな条件を満たさないと手に入らないものですが、人間の体にはとても心地よい存在であるようです。

ダライ・ラマの転生

偶然と必然の境目がわかる「３１２５分の１」

輪廻転生の一つの例として、ダライ・ラマのことが挙げられます。

ダライ・ラマはチベット仏教の継承者であり、最高指導者でもあります。

第14世のダライ・ラマ（この原稿を書いている１９９９年現在のダライ・ラマ）〈編集部注＝２０１７年現在も在位中〉に関しては、かなり正確で具体的な記録が残っているので紹介しましょう。

14世ダライ・ラマは、１９３５年7月6日に生まれました。その前の13世は１９３３年に死んでおり、その2年後に14世が生まれたことになります。

現象としてまず起きたのは、廟所《びょうしょ》に安置されている13世ダライ・ラマの頭が、南向きに置いておいたにもかかわらず、いつの間にか東に向いていたことです。

その現象の説明を求められたラマ教の高僧は、瞑想《めいそう》の結果、「新しいダライ・ラマは東にいる」との啓示を受けました。ダライ・ラマの〝留守〟をあずかる代理人は、〝予知・予見〟ができると昔から言われている湖に出かけ、その水底を凝視します。その結果、「青い屋根の3階建て寺院」と「その隣の青い屋根の農家」が見えたのだそうです。

13世の死後4年目の1937年、数グループの「ダライ・ラマ発見隊」が東方への旅に出発しました。

ある隊が、中国のある村に着いたとき、そこには予知・予見された寺院と農家があったのです。

全ての隊は、13世ダライ・ラマが愛用していた日用品を持参していました。隊長は、身分がわからないような服装になり、青い屋根の農家に入っていきました。

そこに2歳の子が出てきて、隊長の首にかけていた数珠を「欲しい」と指差したのです。その数珠は13世が愛用していた遺品でした。

持参していた遺品とともに、にせものも交ぜて「見覚えのあるものはないか」と聞いた結果、その2歳の子は全ての品について正解しました。さらに、13世の特徴でもある大きな耳と、あちこちにあるホクロ、さらにその位置までもが同じだったのです。

初代のダライ・ラマは西暦1300年代終わりころの人でした。以来、必ず輪廻転生を繰り返すと信じられており、約50年に一度、生まれ変わっていることになります。

この話は大変興味深いものです。持参していた日用品を、全て言い当てることのできる子がいるというのが驚きです。

例えば五つの品を当てるとして、本物のほかにダミーの品を四つそろえるとしましょう（だいたい1種について五つくらい並べるらしいのですが）。

偶然に当てる確率は5分の1です。それが5種当たるとなれば、5^5分の1、3125分の1ということになります。**自然科学の世界では、確率が100分の1を超えたときは「偶然以外の何かの力が作用していると考えよう」ということになっているらしいのです。**

例えば、サイコロを振って、1が2回連続するのは、（6分の1）×（6分の1）＝36分の1。それが〝偶然〟の確率です。ここまでは〝偶然〟と考えよう、というのですが、それが3回連続したときは、（6分の1）×（6分の1）×（6分の1）＝216分の1となって、「これは〝偶然〟ではないだろう。ほかの何かの力が作用しているに違いない」と考えるのが妥当、ということなのです。

確率が3125分の1となれば、もう〝偶然〟とは言えないでしょう。

さらに、予知・予見の家があり、そこに2歳の子が存在し、その子は〝遺品〟を欲しがり、その上、体のあちこちに同じような特徴がある、となっては、いくら〝唯物論〟的に否定をしようとしても難しい。

やはり、輪廻転生がある、そういう現象が存在するとしか思えません。

三つの指令系統

「使命」「役割」は「魂」をときすますことでキャッチできる

私は大学時代、「唯物論」の中にいました。先述したように、精神科学研究会というESPの研究会にも入っていたのですが、当時華やかだった学生運動にも影響されていました。

「唯物論」とは、非常に簡略化して言うと、「見えるものはある。見えないものはない」というものです。「神」や「仏」や「守護霊」などの存在はもってのほか。

そんな「見えないもの」に頼るのではなく、自らの力で状況や環境を切り拓いていく、改善していく、というのが「唯物論」でした。

「見えないもの」に対しては否定するのが当たり前だったのです。

「精神科学研究会」は、超能力・超常現象の研究のために入ったのでした。「神」や「仏」を肯定したいために、あるいは確認をしたいために入ったのではありません。「神」「仏」が存在するかどうかを考えたい、調べたい、などと思ってもいませんでした。そんなものはいないし存在しない、という立場だったのです。

ですから、「神」「仏」に対する関心もありませんでした。〝超常現象〟の中に、「神」「仏」のことなどは入っていなかったのです。

30年間この世界の研究をしてきて、最近は私なりにこんな結論になってきました。

「〝私〟というものは、どうも三つの指令系統によって動いているらしい」というものです。

一つは**「自我」**。私たちが「私」と呼んでおり、別の呼び方では「顕在意識」の名を持ちます。「私」のコントロールのもとにある、と思えるものです。

二つ目は**「自律神経」**です。人間の神経には3種あります。運動の指令を伝える「運動神経」、知覚を司《つかさど》る「知覚神経」、心臓の働きや発汗を司る「自律神経」です。

「自律神経」は一つの作業を除いて、自分の意志でコントロールをすることができません。その一つの作業とは「呼吸」で、私たちの意志によらずに呼吸をすることができますが（基本的に、肉体が勝手に呼吸している）、自らの意志によって呼吸を速めたり遅くしたり、深くしたり浅くしたり、あるいは止めたりすることもできます。「自律神経」の中で、唯一、自分の意志〝でも〟コントロールできる「呼吸」にはすごい神秘が隠されているらしいのですが、その「自らの心」を1文字にすると「息」という文字になるのも、大変おもしろいことです。

さて、三つ目の指令系統は「魂」。

これはどうも「潜在意識」「潜在能力」などと密接に関連があるらしい。「私」がなぜこの世に生まれたのか、何のために、何をするために生まれたのか、などを全て知っている存在でもあります。

以上の三つを、新幹線に例えてみましょう。

新幹線といえども、電気が来なくなったら、送電されなくなったら、動けません。さらに、前方に列車があれば、自動停止装置が働き、ブレーキがかかり、停まります。これは運転手がいようがいまいが、関係なく作動します。

運転手は、前方に障害物があれば停めることができます。また、ドアの開閉、何分間駅に停まるか、なども運転手や車掌がその現場でやっています。

その二つの指令系統に対し、さらに優先する指令系統があります。中央指令室です。一台一台ではなく、全ての列車の進行状況を管理しています。どこかの駅で「こだま」が待機している、その脇を、時速300km近い「のぞみ」が走り抜けていくのは、一台一台を運転している運転手の能力ではできません。全体を統合的に見ている〝何ものか〟が必要なのです。

送電が止まったら動けない、あるいは自動的に停止、というような機能が、人間の「自律神経」にあたるでしょうか。

運転手は「私」＝「自我」です。

そして、三つ目の指令系統、「中央指令室」が「魂」ということになりそうです。

アメリカが火星に打ち込んだ無人探査機「マーズ・パスファインダー」には、姿勢が崩れたら停まり、それを直してから前進、あるいは作業続行というプログラムが組み込まれていました。地球から火星への（電波による）指令は、約3分かかって届くのです。「倒れそうになった」という情報をＮＡＳＡ（アメリカ航空宇宙局）が受け、「それ以上進まず停まれ」との指令を出すまでには、6分の時間が必要でした。その間に、倒れかけた探査機は倒れてしまう。そのため、「自分を保護する」ためのプログラムは、〝自分〟の判断ですぐに動くように組み込まれていました。

「マーズ・パスファインダー」が火星上で活動しているとき、もし火星人たちが見たら、それ自体が〝生物〟に見えたに違いありません。

その〝生物〟は、傾いたり進行方向に障害物があったりするとしばらく考え、違うルートを選んだり、停まったりするのです。「自分で考えて動いている」ように見えたでしょう。

しかし、「パスファインダー」は、外（NASA）からの指令で送り込まれ、働きに来たものでした。

自らの意志（自我）のほか、本当の大きな目的、本来の使命というものを持っていました。

それは火星に空気があるか、水があるか、というようなことでした。その目的のために、パスファインダーは「倒れないため」の自己保存機能を与えられていたのです。

人間も、「私」に与えられているのは「自己防衛」「自己保存」の機能だけではないのでしょうか。

本当の「使命」「役割」は、「魂」をとぎすますことでキャッチできる。

「私」の「自己防衛」「自己保存」のほかに、全ての人間は「本当の〝魂〟の役割」を持って生まれてきたに違いありません。

よき友

真の友とは「得る」ための「友」ではなく「認識する」ための「友」

足立幸子《あだちさちこ》さん（編集部注＝宇宙の波動をアートとして表現するコズミックアーティスト。著書に『あるがままで生きる』など。1993年逝去。158ページの足立育朗《いくろう》さんの妹）の絵と私の言葉を組んだ「う・た・し　ごよみ」という日めくりカレンダーがあるのですが、その中に「いつも」というのを入れました。

「いつも」の3原則《げんそく》。
いつも考《かんが》えていなさい。
いつも良《よ》い仲間《なかま》を持《も》っていなさい。
いつも実践《じっせん》しなさい。

というものです。

いつも「考えていること」や「実践すること」は、比較的わかりやすい提案だと思うのですが、**「いつも良い仲間を持っていなさい」**という提案は、意外かもしれません。「人生で、いつも自分に課すべき3条件に『よき友』が入るほど、重要なのだろうか」と。

お釈迦さまが最後の旅に出たとき、同行していたのはアーナンダという古い弟子でした。

アーナンダは「お釈迦さまの十大弟子」の一人ですが、十大弟子の中では最も遅く悟った人とされ、「多聞《たもん》第一」尊者《そんじゃ》と呼ばれました。「多聞」というのは「お釈迦さまの教えを最も多く聞いた」という意味。ほかの9人がそれぞれの「悟り」の結果としてたたえられているのに対して、アーナンダは「多聞」というかたちでしか評価されませんでした（ちなみに、一番弟子の舎利子《しゃりし》は「智慧《ちえ》第一」、二番弟子の目連《もくれん》は「神通力第一」、というような評価を受けています）。

アーナンダはお釈迦さまの従兄弟《いとこ》にあたり、お釈迦さまとは30歳ほどの年齢差（お釈迦さまの方が年上）があったようです。漢字では「阿難陀」という文字が当てられており、「阿難」、あるいは「阿難尊者」とも呼ばれました。

アーナンダは普通のお釈迦さまの弟子に比べて優しすぎる人だったのだそうです。そのため他人の悩みに入り込んでしまい、自分も一緒になって悩んでしまうため、悟るのが大変遅くなってしまいました。

　お釈迦さまが涅槃《ねはん》に入る直前まで、アーナンダは悩み、煩悩から離れることができず、悟ることができなかったと言います。

　そんなアーナンダでしたが、お釈迦さまはアーナンダをかわいがり、よく旅（説法の旅）に連れていきました。

　そんな旅の途中、アーナンダはこんな質問をするのです。

「お師匠さま、よき友を得ることは聖なる道の半ばだと思えるのですが、どうなのでしょうか」

　私の考えですが、「聖なる道」というのは「正しい生き方」というような意味ではなかったかと思います。

　そのとき、お釈迦さまはこう答えました。

「アーナンダよ、よき友を得ることは聖なる道の半ばではない」

　アーナンダは「やはり自分は未熟で何もわかっていない」と、がっかりしたかもしれません。が、お釈迦さまの口から続いて出てきた言葉は、アーナンダの予想を超えるものでした。

「アーナンダよ、よき友を得ることは聖なる道の半ばではなく、聖なる道の全てである」

お釈迦さまはこう説明しました。

「私（お釈迦さま）を友とすることによって、人は老いる身でありながら老いを恐れずにすみ、病むこともある身でありながら病むことを恐れずにすむ。必ず死すべき身でありながら、死の恐れから逃れることができる。よき友を持つことは、幸せに生きることの絶対的条件なのだ」と。

それでは「よき友」というより「師匠になってしまう」との異論が出そうですが、それは本来の「友」という意味が正しく伝わっていないせいでしょう。

本来の「友」とは、遊び相手とか遊び仲間というようなものではなくて、人生上の悩み・苦しみ・苦悩・煩悩を少しでも軽減してくれるような〝気づき〟を教えてくれる人、のようです。

それは同時に、自分もそういう存在になることが「よき友」と言われる条件ということでもあります。

そのように教え合うこと、学びや気づきを知らせ合うこと、交歓し合うことが「友」というものなのかもしれません。

私たちは「友」という概念を非常に狭い意味でとらえてきました。「友」というものは、近い年代で、同じような趣味を持ち、同じような音楽を聴き、同じような遊びに関心がある人、と考えてきたように思います。

本質的な「友」という存在を認識するためには、「幸せ」というものも正しく認識する必要があるかもしれません。

というのは、**「幸せ」とは「何かを得る」とか「欲しいと思っていたものを手に入れる」ことではなく、『今の自分が『幸せ』の中にいること、『幸せ』の中に存在していること』を知ることだからです。**

欲しいものを得たいとか、今以上の何かを得たいなど、自分の外に求めるものがあり、それが求められた、得られた、ということで「幸せ」を感じるならば、人生は実に苦悩に満ちたものでしかないでしょう。思いどおりに得られるものなど、ほとんどないからです。

「得る」ことや、「手に入れること」を考えている間は、本当の「幸せ」は手に入ることはないように思います。

「得る」ための「友」ではなく、「認識する」ための「友」が真の友、というのがお釈迦さまの言う「友」であるようです。

「こんなことを感じた」「こんなふうに思った」ということを語り合うことで、重荷を下ろし、楽になり、生きることが楽になる、そういう仲間こそが、お釈迦さまが言う本当の「友」ということになるのでしょう。

そう考えれば、**「何かを教えてくれる人」「その人の一言、その人の気づきによって自分が楽になり、幸せになれる人」が、本質的な「友」であることがわかります。**年齢が離れていようが、男女であろうが、関係ありません。

では、「友」と「師匠」はどう違うのかという疑問が生じます。「教えてくれる」のが「友」であるなら、「師匠」とはどう違うのか。

私が思うに、「友」と「師匠」の根源的な違いは、「一方通行」と「相互通行」の差ではないかと思うのです。互いに、「こんなことがわかった」「こんなことを知った」と教え合い、語り合うのが、多分「友」なのです。

お釈迦さまは、アーナンダからすれば確かに〝師匠〟でした。が、お釈迦さまは、アーナンダの何気ない一言で多くのことを知り、あるいは気づき、悟りに至っていたのかもしれません。その意味で、アーナンダは、お釈迦さまにとっての〝友〟だったかもしれないのです。

神の子

「親と子」の関係は、「神と人」の関係を映し出している

先日、不思議な人に会いました。「神」と対話をしているという人です。

急に〝神〟と話ができ始めたのだそうで、その〝神〟に、その方がした最初の質問は、「あなたを何とお呼びすればよいのか」というものでした。

その答えというのが、ちょっと想像を超えるのです。

「キリストは、私を『父』と呼んだ。あなたは日本人だから、『おやじ』とでも呼んだらどうか」

確かに、キリストは〝神〟に対して、「父よ」と呼びかけました。その〝神さま〟ということになると……。

私は、その「神の声を聞く人」に仲介してもらって、いくつかの質問をしました。私はもともと物書きなのですが、なりゆきで、あちこちから講演を頼まれます。

「好き嫌いで選ばない。頼まれごとは、体があいているときは引き受ける」との方針を決めているので、基本的には引き受けていますが、家に落ち着いて原稿を書くことができません。

「こんな状態はしばらく続くのか」

と私は尋ねました。

〝神さま〟の答えは、

「大変なことを引き受けたものだ」

というものでした。

さらに〝神さま〟は、私にこんなことを告げてきました。

「今日から君の守護神を変える。空海《くうかい》を守護神にしたから、聞きたいことがあれば空海に聞きなさい」

空海とは、真言宗《しんごんしゅう》の開祖・弘法大師《こうぼうだいし》のこと。大変なことになりました。

その空海さんからも、（その人を通じての）メッセージがありました。

「今日から私は君の守護神になる。聞きたいこと、知りたいことがあれば、自分の内側に問いかけなさい。私が全て、答える」

弘法大師さんが守護神になってくださるのは、ありがたくおそれ多いことですが、たくさんの質問に何でも答えてくださるというのは、助かりますし、楽しそう。

さっそく、知りたいことを伺いました。

「〝神〟と〝人〟の関係は、キリストの言う〝父〟と〝子〟の関係なのですか?」

言われたように、内なる私に対しての私自身の問いかけです。

数日して、友人と話しているときに、次のような考えが出てきました。

私自身が、へえーっ、と驚くような内容でした。新しい発見でもありました。

「親と子の関係というのは、〝神〟と〝子〟の関係を知らせるために設定されているようだ」

というものでした。

今、子供を持っていない人でも、必ず子供ではあったので、よくわかると思うのですが、親は子供に無償で無限の愛情を注ぎます。

「老後を保障してもらうためだろう」と解釈する人もいますが、それは「人」が特別に経済社会を構成しているがゆえに、そう見えることもあるだけで、動物の親を見ればよくわかります。何かを返してもらおうとか、評価してもらおうとか、思っていないようです。

人も、親と子の関係は〝本能〟のようなものなのでしょう。「してあげるだけ」の関係のように思えます。

（ただし、意識が高い人＝心の扉が開いた人＝は、「子供は3歳までに、一生涯の親孝行をし終えている」と言います。ですから、「してあげるだけ」ではないかもしれませんが、ここでは「する側」「される側」という意味で、あえて「してあげるだけ」という前提で話を進めましょう）

親が子に何かを「してあげる」とき、何も返るものがなくてもよいのですが、「ありがとう」という言葉や「感謝の心」が返ってくると、「してあげたこと」に対するむなしさ、悲しさ、つらさは湧いてきません。

何かを親が子にしたとき、「親が子にするのは当然だ」という態度が子の側に見えたとき、多くの親は悲しい思いをします。

が、「当然」ではなく、「感謝」が感じられると、「してあげたこと」は（親の側から見ての）「当然」になります。〝感謝〟の念が、「当然」の存在位置を「子」から「親」に変えてしまうのです。

そういう〝親子関係〟、親と子のありようこそが、「神」と「人」との関係でもあるらしいのです。

地球上の全ての存在物は、「ほかの存在から喜ばれたい」という意志を持って存在しています。もちろん、人間も例外ではありません。

同様に、「神さま」も万物に対して「喜ばれる存在」でありたいと願っているように思えます。「万物に対して」ですから、「人間」に対してもきっとそうでしょう。

で、「神」と「人」との関係を、「親」と「子」に置き換えてみます。

「神」は「人」に対し、ただひたすら与え続け、「してあげるだけ」の存在だったのではないでしょうか。

私たちは神社に詣で、一年間にたくさんの願いや望みを要求してきました。しかし、多分、年間1000という大台で「神さま」にお願いしてきた人は少ないことでしょう。私たちが「神さま」に対してする「お願い」は、年間数百のレベルでした。

「神さま」は私たち一人一人に対して、年間、数千とか数万のレベルではなく、数億とか数兆もの「与えること」「してあげること」をしてきてくださっているのかもしれません。

未熟な私たちにはそれが〝見えない〟〝わからない〟だけのこと。

「子」が「親」に対するのと同じように、私たち「子」が〝親〟である「神」に対して、

「してもらう」ばかりではあるけれども、とりあえず「ありがとう」と「感謝の心」を「神さま」に言えるようになったら、「神さま」の側からすれば、「それでいい」「それだけで十分に満足」ということになるのではないでしょうか。

先述したように、「親と子の関係」こそが、「神と子の関係」のモデル、見本であったらしいのです。

「神」の目から見れば、私たち「人間」は、赤子、あるいは乳幼児。どんなに私たちが年をとって経験を積み重ねても、「神」から見れば未熟で不十分であることは間違いありません。

その、無限に「し続け」「与え続けて」くださる「神」に対し、圧倒的に力が足りない「人間」＝私たちに、できることはいったい何か。

それは、**「当然」と思わず「ありがとう」と「感謝」する心でしょう。**

人間の「親子の関係」が、「神」と「子」の〝親子関係〟の見本になっている、そのために〝親子関係〟を見せている、というのは、よい意味でのとても大きな衝撃でした。

受け入れる

「あるがまま」が、楽で、幸せな人生

あるところに15人ほどの人が集まりました。その幹事さんが、「ぜひあの人に来てほしい」と思う人がいました。

その方は、何年間も寝たきりの子の面倒を見ている人で、「つらい」「悲しい」と言い続けてきたのだそうです。

「正観さんの話を聞けば、きっとつらさや悲しさが少なくなる。だから、どうしてもあの人に来てほしい」と、その幹事さんは願い、前日にはその家まで行き、その寝たきりの子に会って「ぜひお母さんを来させて」とお話ししてきたのだとか。

会がある日は快晴でした。その子の状態もよくて、そのお母さんはその子とともに、私の会に出席できました。

一人一人が自己紹介し、その思いや考えについて、あるいは最近の出来事などについて、私が感想として思ったことを喋らせていただくのですが、そのお母さんは、こんな話をされました。

何年もこの子の看病をしてきた。ニコニコしてかわいい子だが、少しでも健常児に近づいてくれるといい。昨年は気功に出会い、気功療法を続けた結果、すごくよくなった気がした。

が、今年になって、よくなるどころか、以前のように戻ってしまった。何も信じられなくなって、気功療法もやめてしまった。明るい展望がなく、毎日つらい思いをしている。

このような内容でした。

私は、そのお母さん（Aさんとしましょう）に、次のようなことを言いました。

「障害がある子を育ててきて、大変であっただろうことは少しわかります。私も二人の子のうちの一人が知的障害児だからです。ですから、同時に、私はこういう話をする資格が少しだけあると思い、話をさせていただきます。

今までAさんに出会った人の全てが、おつらいでしょう、大変でしょうと言ってきたと思うのですが、これから私が言うことは、今まで現れた人の中で最も厳しい、きつい内容かもしれません。

お話によると、お子さんは昨年、気功などで良くなり、今年になって悪くなり、全てのことが信じられなくなって、気功などもやめてしまったのですね」

「はい」

とAさんが答えます。

「良くなったときは喜び、悪くなったときは落ち込んでしまったのですね」

「そうです」

「よく考えてみましょう。この子が、良くなるというのは、Aさんが望んでいる方向に近づいたら、〝良くなる〟ということなのですよね。望んでいる方向から遠ざかったら〝悪くなった〟ということなのですよね」

「まあ……」

「ということは、この子が今いるこのままの状態を、否定しているということになりませんか」

Aさんは驚いたようでした。

「この子が良くなる、つまり望む方向に近づいたら嬉しい、悪くなったら、つまり望まない方向になったら悲しい、落ち込むということは、この子がこの子である今、この子全部を、ありのままに受け入れているのではなくて、『今のこの状態であってほしくない』と否定していることになりませんか。

この子がこの状態であることを受け入れ、このままでいい、と思いきることができたら、この子の状態が右に動こうが左に動こうが、一喜一憂しなくなると思います。『この子がこうであってほしくない』と現状を否定し続けている結果として一喜一憂しているわけです。

障害がある子を、そのありのままに受け入れ、良くなるのも悪くなるのもどちらでもいい、この子がどういう状態であっても愛し続ける、ということが、本当に愛しているということではないでしょうか。

こうなったらこの子を愛することができるが、こうなったら好きになれない、というのは本当に愛していることにならないのでは。

その子がどういう状態であっても一喜一憂せず、その子を常に愛し、受け入れていれば、実は一番楽に幸せに生きることができるのは、自分、Aさん自身なのですよね。こうであってほしい、こうあってほしくないという思いがあるから、人は苦悩するんだと思います。目の前の現象をそのまま受け入れ、それがどちらにどう傾いてもいい、それを全て受け入れられると思ったら、現象は苦にならない。結局、今の状態を受け入れることができたら、Aさん自身が苦しまないですむんです」

Aさんは、多分、このような言葉を言われたのは初めてだったのでしょう。「今の子供の状態を否定している」と言われたことはショックだったに違いありません。

が、この子の状態を「あるがまま」に受け入れたとすると、その子の状態が良くなるも悪くなるも、その概念自体が存在しなくなる。〝どうなっても〟受け入れる、愛し続けることができれば、楽になるのはAさん自身なのです。そのように考えるべきだ、との「べき論」を言っているのではありません。

そう考えることで、**そのように「見方」を変えるだけで、Aさん自身が楽になるのです。「楽になる方法論」なのです。**

Aさんは、子供の話をし始めたときから、ずっと涙を流していました。私との対話の中でもずっと泣き続けていました。

帰るときも、涙は止まらないようでしたが、笑顔で「そのように考えられるように、努力してみます」と言ってくれました。

厳しく、つらい言葉であったろうと思うのですが、障害児のわが子を考えたとき、私自身がそのように思うことでつらさや悲しみが克服できたのでした。

私たちの悩みや苦悩は、もしかしたら、私たちの中にある狭い価値観や好き嫌いの感情によって生まれているのではないのでしょうか。

自分の思うような人であれば受け入れる（好きになる）、自分の思うような人でなければ受け入れない（嫌いになる）という選び方をしている限り、私たちは悩みや苦悩から抜け出すことができないように思います。

日常の中で大事なことは、この人（このこと）を好き嫌いで分ける訓練ではなく、全てをありのままに「受け入れる」ことを訓練していくことではないでしょうか。

「暑いですね」「ジメジメした天気が続きますね」「全く、いつになったらすっきり晴れるんでしょうね」というような会話を「天気の悪口」と呼ぶのですが、まずは「天気の悪口」を言わないところから、毎日の天気を「そのまま受け入れる」ところから、スタートすることにしましょう。

オセロゲーム

今日が幸せなら、人生の全てが幸せ

オセロゲームというものをご存じだと思います。

囲碁のように、一方が白、一方が黒を持ち、お互いに1個ずつ盤面に載せて、タテでもヨコでもナナメでも、白と白で両端をはさんだら、間に存在している黒は、全て裏返し（白）になってしまいます（ちなみに、それぞれのオセロは、表と裏が黒と白になっており、「裏返す」ことで「白から黒」、あるいは「黒から白」になります）。

そして、最終的にどこもはさめない状態（裏返せない状態）になったら、終わり。

ルールは単純で、難しいゲームではありません。

ただし、たった今、目の前で「白を黒に」裏返して、「やったあ」と喜んでいると、それもすぐに「黒を白に」裏返されてしまうのです。「これでよし」と簡単に結論を出すことができません。

このオセロゲームは、まさに「生か死か、それが問題だ」と、『オセロ』の作者（シェークスピア）が彼の作品の中で登場人物に言わしめたように、目前の状態が瞬時に変わるのです。「ひっくり返る」と言ってもいいでしょう。

「だから、人生はオセロのようなものだ。何が起きるか、わかりはしない。世は無常で、常に移り変わるものなのだ」という「オセロ的結論」を言いたいわけではありません。

私がオセロゲームというゲームについて思うのは、次のようなことです。

「私」が「幸せ」であったかどうか、自分の今までの人生全てを「幸せだった」と思えるかどうかは、「今日の私」が決めるということ。

もし仮に、今日、「ああ、私は幸せ」と思ったとします。

そうすると、昨日までに体験した〝イヤなこと〟、例えば失恋とか、人とのけんかや争い、受験の失敗、病気や事故なども、全てが「今日の幸せ」に至るための「原因であった」、とわかるのです。

逆に、「ああ、私ほど不幸な人はいない」と、〝今日〟思ったとしましょう。

そうすると、昨日までの全ての過去、全ての出来事がみな、「不幸」の「原因」になってしまうのです。不幸の原因となったそれまでの出来事は、みな〝不幸〟に思えてしまいます。

「あれがなかったら」「あんなことが起きなければ」と、一つ一つの出来事が恨みの、憎しみの対象になってしまうのです。

しかし、今日、「私は不幸だ」「私ほど不幸な人はいない」と思っていた人でも、日が変わり、翌日になって、宝くじが当たったり、憎いと思っていた人から優しい言葉をかけてもらったりすると、もう突然に、「私ほど幸せな人はいない」と思うはず。

その場合に、昨日まで起きたことは昨日の段階で全て「不幸」であったのに、今日「幸せ」になったがゆえに、昨日までの全ての「不幸」も、みな「幸せ」になってしまう……。

オセロゲームに、とてもよく似ています。「幸」と「不幸」は、オセロゲームのように、白と黒がすぐにひっくり返るのです。

つまり、「幸」も「不幸」も、絶対的なものではないということになります。

「私」の〝気分〟が、一つの現象を、「幸」にも「不幸」にもしてしまう。

今日「幸せ」と思えたら、その「幸せ」まで連れてきてくれた自分自身の過去に、感謝できるような気がします。ですから、つらく悲しい思いをした過去の出来事を、一つ一つ過去に戻って乗り越えたり克服したりする必要はないようです。

「今日」を「幸せ」と思えれば、今まで〝黒〟が並んでいた盤面が、全て〝白〟にひっくり返ります。逆に、「今日」を「不幸せ」と考えたら、それまで〝白〟が並んでいたものが、一挙に〝黒〟にひっくり返ってしまいます。

「幸せ」とは、「幸せ」という現象があるわけではありません。そう〝思う〟心が存在するだけ。どんな現象も、その人がどう思うかによって〝色〟がつく。色が決まるのです。

般若心経《はんにゃしんぎょう》の中に「色即是空《しきそくぜくう》」という有名な言葉があります。「色」とは目に見えるもの、かたちあるもの、物体、肉体のこと。狭い意味では「肉体」を指し、それが「色情」「色欲」などの言葉を生んだのですが、もともとは「かたちあるもの」「目に見えるもの」の意味でした。

が、実は、この「色」は、「幸」「不幸」や「軽い」「重い」、「大きい」「小さい」などの〝概念〟の全てを指し示していたのではないかと思います。何かを論評したとき、分析したとき、評価を与えられたとき、私たちは「色をつけた」とか「色めがねで見た」という状況になっているのかもしれません。

その〝論評〟や〝分析〟〝評価〟は全て〝空〟である、とお釈迦さまは言いたかったのではないでしょうか。

〝空〟とは、「ないこと」ではなく「中立である」「色がない」ということではなかったのでしょうか。

「暑い」「寒い」、「遠い」「近い」など、私たちは何気なく「論評する」「評価する」言葉を使っています。それらはもともと実体がない。同様に、「つらい」のも「楽しい」のも、「悲しみ」「喜び」も、〝実体〟として存在するわけではありません。「そう思う心がある」だけではないのか。

もともとは「中立」で、淡々とした事実として、ある出来事が存在するだけです。それ（〝空〟なること）に対して、「つらい」とか「楽しい」とかの論評、評価を与えている（〝色〟をつけている）のが「私」。未熟な「私」。

「空」を「無」として解釈し、「何もないこと」とする立場がありますが、般若心経の中には、「空」の文字とともに「無」の文字も使われています。つまり、「空」と「無」とは明らかに違うものとして扱われているのです。

ですから、「空」は「無」ではないでしょう。

「色即是空」とは、「遠い」「近い」、「重い」「軽い」、「つらい」「楽しい」、「悲しい」「嬉しい」などの全ての「色」が、実は全て「空」である。そういう本質があるわけではなく、淡々と事実があるだけだ、「中立」だ、という意味だと思うのです。

「空即是色《くうそくぜしき》」とは、もともと〝空〟（中立）が実体であるのに、そこに「重い」とか「軽い」とか決めつけた概念がある、その「決めつけ概念」こそが、「色」の本質だ、と言い直しているのではないでしょうか。

絶対的な現象があるわけではない〝中立〟の世界で、それを「悲しい」や「嬉しい」ととらえるのが「私」なのです。

その**〝中立〟を「嬉しい」「楽しい」ととらえれば、「今日」以降は全て「幸せ」になる。**

すると、「昨日」までも全て「幸せ」になる……。

オセロゲームは「人生」を深く考えさせる、奥深いゲームなのかもしれません。

重くなる石

「言葉」と「行為」が筋肉の状態も変える

大峰山《おおみねさん》というのは、紀伊《きい》半島の中央部に南北50kmにわたってそびえ立つ山々の総称ですが、狭義には山上ヶ岳《さんじょうがたけ》（標高1719m）のことを言います。

大峰山のふもと、洞川《どろがわ》温泉に行ったのは4月上旬のことでした。洞川温泉は、行政的には奈良《なら》県吉野《よしの》郡天川《てんかわ》村に属します。天河《てんかわ》神社（天河大弁財天社《だいべんざいてんしゃ》）で知られる、あの天川村です。

桜の名所である吉野町の西隣・下市《しもいち》町から南へ、車で1時間ほども走ったでしょうか。小さな谷あいに洞川温泉はひっそりとたたずんでいました。

洞川温泉は、温泉地としても魅力あるところですが、もともとは大峰山の登山基地として栄えました。

日本の山岳信仰は「御師《おし》の家」とともに「講《こう》」も発達させました。

山岳信仰における神さま（御神体）は、山そのものです。その山に何度も登ると霊力（神通力）がつくと言われてきました。

山のふもとに宿坊《しゅくぼう》を構え、そこに泊まった人々（講の人々＝講中《こうじゅう》）を山に案内する人を「先達《せんだつ》さん」、あるいは「御師」と呼びました。その家を「御師の家」と言い、山に入ると「講中」の人々は「先達さん」と呼ぶのです。

宿の客が、宿主である「御師」＝「先達さん」の指導・手ほどきを受けながら山に登るわけで、どちらが上でどちらが下というわけでもない、不思議な「民主主義的」な平等関係が、これらの「講」には存在しました。

冬は、大峰山も含め、出羽三山《でわさんざん》も石鎚山《いしづちやま》も白山《はくさん》も、登山はできません。この間に「御師」の人々は地方に旅し、その村々と話し合って、何月ごろに自分の宿に泊まりに来るように「営業」に歩き回りました。その折、病気の人々を治したり、祈祷《きとう》をして雨乞いをしたりして「霊力」や「神通力」を示したのが「山伏《やまぶし》」というわけです。

都会に近い「御師の家」（富士吉田《ふじよしだ》市や長野《ながの》の戸隠《とがくし》など）は、観光客の増加、一般客の増加でかなり制度が崩れたようですが、山深いこの洞川温泉は、今も、古い時代の「講」と「御師の家」のシステムが残っています。

大峰山そのものも、今も「女人禁制」です。女性の登山を認めていません。このあたりは、古い時代の「山岳信仰」のかたちが色濃く残っているところと言っていいでしょう。

その洞川温泉に、龍泉寺《りゅうせんじ》というお寺があります。正確には「温泉街の川向かい」ですが、温泉街（宿は20軒ほど）から橋を渡り歩いて2～3分なので、温泉街とともにあるとも言えます。

大峰山を開いた役行者《えんのぎょうじゃ》が洞川温泉に泉を発見し、水の神さまである八大龍王《はちだいりゅうおう》を祭ったのが最初とか。役行者は7世紀中～後期の人ですから、１３００年以上もの歴史を有する古寺なのでした。

その龍泉寺に「叩くと重くなる石」があると言うのです。

大阪《おおさか》で集まりがあったとき、2次会で、その中の一人、50代の男性がこんな話を提供してくれました。

大峰山のふもとに龍泉寺というお寺があり、その境内に「叩くと重くなる石」がある。自分もやってみたが、3回試みて3回ともそのとおりだった、（叩いたら持ち上がらず、撫《な》でたら持ち上がった。それを3回繰り返したが、3回とも同じ結果だった）というのです。

「それはおもしろいですね。ぜひ私も試してみたい」と私が言ったところ、一緒に行ってみたい、体験したいという人が続出し、結局15人で龍泉寺を訪れることになったのが、4月上旬でした。

車で着いたのは午後6時ごろ。翌日は雪が降り、あられが舞うというほどの冷え込みで、当日も冷たい雨が少し降っていましたが、風呂も夕食も後回しにして、みなは龍泉寺の「石」に行ったのです。

「石」は直径20㎝ほどのものと、23㎝ほどのものが一つずつ、計二つ。持ち去られないよう、木の枠で囲んでありますが、持ち上げることはできます。

何もせずに持ち上げてみたあと、その石を「撫でて」から、持ち上げてみました。重さは変わらなかったように思います。

「こいつめ、こいつめ」と言いながら5回ほど手で叩き、持ち上げてみました。

持ち上がらないことはなく、持ち上がりはしましたが、重くなった気がしました。撫でたら、確かに軽くなったような。

15人の全てがトライしてみました。全ての人が「確かに重くなった気がする」と言い、撫でると「軽くなった気がする」と言いました。

3年前に3回トライし、3回とも持ち上がらなかった男性も参加され、何回も試しましたが、「重くはなったが、持ち上がる」とのことでした。この方は「3年前の石と違う石なのではないか」と宮司さんに確かめたりもしたのですが、3年前と同じ石なのだそうです。

そういう一連の出来事をみなで体験し、夜から朝まで語り合いました。

そこで得られた結論。

自分の口から出た言葉と、自分の手による表現（「撫でる」のと「叩く」のと）によって、「私」たち自身の体や筋肉に影響を与えているのではないだろうか。

「ありがとう」をたくさん口にすることによって体が軽くなり、どんどん元気になるように、何気ない「撫でる」「叩く」という行為にも、私たちの肉体が大きく左右されているのではないだろうか。「叩く」ことで自らが重く暗い気分になり、重さ6～7kgの石を「重く」感じるような筋肉の状態になる。

一方、「撫でる」という行為で自分を「快く」させたために体が軽くなり、筋肉が元気になって「軽く」感じるような筋肉の状態になるのではないか。

そんなことを話し合い、楽しい一夜を過ごしたのでした。

ところで、その中で、合気道を教えている先生がおられました。お弟子さん5人を連れての参加です。

「あることがひらめきました」

と、その先生が言われました。

「持ち上げられるのと持ち上げられないのと、意識の持ち方で、どちらもできそう」

と言うのです。

さっそく二人の人がその先生の両手を持って、持ち上げてみました。持ち上がります。

「ちょっと意識を変えます」

と宣言したあとは、大の男が二人でやっても持ち上がらず。

「おもしろいですね。持ち上げられる側が戦いや争いの心になったら、簡単に持ち上げられてしまうのです。体の力を抜いておまかせする、戦いや争いの心がなくなると、重くなって持ち上がらなくなる。意識の持ち方で、これほど違うのですね」

楽しい実験はさらに続きました。**私も、力を抜くと持ち上がらないが、（こちらが力を入れると）簡単に持ち上がるという現象を体験しました。**

ちょっとした言葉や行為が、実はこんなにも自分を支配しているのでした。

第4章

「反対側」から見れば、全てが幸せ

――自由な生き方

10倍

「10のマイナス」には、「100の投げかけ」を考える

あるとき、大分県《おおいた》の日田市《ひた》で集まりがありました。前後を含めて30日の旅。そのほぼ真ん中の会でした。

日田市での前々日、福岡《ふくおか》での会は、10時間40分を話し続けるという状況になりました。私はもともとのどが強くないらしく、長く話をすると声がかれたり、咳き込んだりします。

そのため、集まりや会では、2～3ｍ以上離れて人がいるような場合は、必ずマイクとスピーカーを用意していただくのですが、その福岡のときは初めての方が主催で、マイクが用意されていませんでした。

最も離れた方でも10ｍくらいでしたから、地声が大きい人には何でもない距離だったと思うのですが、生の声で10ｍ先の人に声を届け、それを10時間続けたことで、私ののどはだいぶ熱を持ったらしく、翌日から時々咳き込むようになっていました。

で、日田市でのこと。

福岡市から日田市まで、数人の方が車で送ってくださいました。日田市内の日田駅で、日田の人たち（車でのお迎え）が私を〝受け取る〟ことになっていたようです。

その〝受け渡し〟に数分のゆとりがあったので、私は近くに見えた薬局に行き、のどの薬や、のど飴《あめ》を買うことにしました。

店内にいたのは女性店員さん一人。

「のどの薬がありますか」

と聞き、このあたり、と教えてもらった私は、しゃがみ込んで薬を探しました。

そのとき、自動ドアが開いて一人の男性が入ってきました。その男性は薬局のオーナーだったのですが、私はお客さんかと思い、しゃがみ込んだまま薬を選んでいました。

するると、その男性が、

「のどの薬ですか？」

と、頭上から声をかけてきます。

「ええ、ちょっとのどがかれて、話すのに支障があるもので」

と答えた私に、その〝頭上の声〟は不思議な反応をしました。

「その声、どこかで聞いた覚えがあるなあ。もしかしたら……、小林さん？」

えっ、と私も、初めてまともにその方の顔を見ました。半年前、わざわざ長崎《ながさき》に話を聞きに来てくださった数人の大分県の人がいらしたのですが、そのうちのお一人だったのです。

おや、まあ、と、薬局内での立ち話が始まり、結局、福岡市からの人々と日田市の人々の両方を、少し待たせることになってしまったのですが、大変おもしろく、楽しい再会でした。

この薬剤師の方は、夜の集まりにも参加され、その翌日、私が日田市から熊本《くまもと》市に移動する（車で連れていってもらう）車にも同乗することになりました。

「薬局は、今日はお休みなのですか？」

と私。

「いえいえ、ちゃんとやっています」

「お休みしてしまっていいんですか？」

「店にいるより、小林さんの話を少しでも多く聞いた方が重要だと思って、私だけ今日は休みにしました」

車内では楽しい話題が続き、天気にも恵まれました。

熊本市に近づくころ、その薬剤師の方は真顔になって、こんな質問をされました。

「実は私は今、薬局を続けるべきかどうか悩んでいるんです」

とおっしゃるのです。

「それはまた、どうしてですか？」

と私。

「いろいろな勉強をしてきて、薬というものが、本当に人に役立っているのか、と思うようになりました。薬を売れば売るほど、人の体を壊しているような気がして……」

世の中にこんな人もいるんだ、と私は嬉しくなりました。

「その相談をしたかったんです。人生上の大事な問題ですから、今日一日、店に出るか出ないかは、大した問題ではなかったんです」

と、その方。

「なるほど、それで今日、この車にご一緒されたのですね。私を送るだけでしたらもったいないと思っていたのですが。

で、薬局の方は、やめることも考えているということですか？」

「もちろんそうです。薬害とかもありますし、薬というものが本当に役に立つものなのか、と」

そんなやりとりがあって、最終的に私がした提案は次のようなことでした。

「薬局に薬を買いに来る方は、体の不調や痛みを抱えている人ですよね。その人たちの〝とりあえずの〟対症療法薬として、薬を売るという立場は肯定してもよいのではありませんか。そして、そこに罪悪感のようなものがあるなら、こうしてみるのはどうでしょうか。

それは、今までの薬局の薬剤師としての仕事の10倍の量を、〝世のため人のため、社会のために〟貢献するということに費やす、ということです。

そうすれば、今までの仕事は、自分の人生の10分の1でしかなくなるから、自己嫌悪や罪悪感は、ずいぶん薄くなるのではありませんか。しかも、〝仕事〟はそのままですから、生活とか収入とかの部分もクリアできる。

ただし、今までの10倍ものエネルギーで生きるわけですから、人生は大変に過酷なものになります。それができれば全て解決だと思いますが」

その薬剤師の方は、深く深くうなずきました。

「**投げかけるものがマイナス100あっても、その結果、じゃあ200のプラスを投げか**

けようと決意をし、実行したら、結果的に神は喜んでいるんじゃないか、と小林さんの文章にありましたね。私もその生き方でいきます」

美しい笑顔でした。

そこから始まった具体策も、これまた楽しいものになりました。

それは、「こんな生き方やこんな考え方の人が、こんな病気になるみたいだ」というコピー資料を、とりあえず10種類くらい作ってみよう、というもの。

〝現場〟におられるのですから、そういう〝統計的〟な推論を得やすい立場ではあるのです。

私たちのやりとりを聞いていた、運転をしてくださっていた方は、ポツリとこんなふうに言いました。

「そういうふうな解決方法をとったら、クヨクヨしたり自分を責めたりしないですみますね。いつでも、それが10分の1になってしまうような、プラスの投げかけ10倍を考えていったら……」

車の窓に、ハラハラと木の葉が舞っています。

やわらかな秋の日射しの中で、車の中は春のような暖かさに包まれていました。

ナースコール

「頼まれごとが多くてつらい人」は「頼まれやすい優しい人」

１９９８年12月26日。

その年最後の〝お話し会〟は、12月も末、暮れがおしせまった26日でした。

しかも、その場所は長崎県島原《しまばら》。

23日に大阪で会があり、24日のクリスマスイブに広島《ひろしま》、25日のクリスマスに福岡で会が設定され、26日に島原です。結果的には、私は陸路で島原に至りました。

島原の有明町《ありあけちょう》に、足立育朗さん（編集部注＝形態波動エネルギー研究所長として波動と宇宙エネルギーを研究。著書に『波動の法則』など。１２０ページの足立幸子さんの兄）が設計された九州《きゅうしゅう》唯一の建物があります。食堂「味処《あじどころ》 仲《なか》よし」を経営されている横山祐《よこやまゆう》市《いち》さんのお家《うち》です（食堂「仲よし」と同じ敷地にあります。食堂「仲よし」は島原半島一周道路に面しているので、普通に走っていれば、多分見逃すことはないでしょう）。

横山さんはまだ40歳前後でしょうか。

いつも楽しそうにニコニコしており、前向きでエネルギッシュです。

私は初対面だったのですが、初対面という感じは全くなく、いきなりうちとけて話が始まりました。

暮れの忙しい26日に、80人ほどの方が集まり、私も楽しく数時間お話しさせていただきました。

この26日の夜も、たくさんの方と夕食会となり、話がはずみ、宿（予約していただいた旅館）に連れていってもらったのは、午前２時過ぎでした。

「明日はＫという男が迎えに来て、諫早《いさはや》駅までお送りします」

ということで、翌朝を迎えました。

Ｋさんが宿に迎えに来てくれました。

昨日話を聞いてくださった方の中に、このＫさんもおいででした。

車が動き出し、Ｋさんが口を開きます。

「実はですね。私、小林さんに相談したいことがあって、この、朝の送迎役を買って出たんです」

とのこと。

「なかなか人の前では言えないことなんです。で、ほかの、誰も聞いていないところで相談したかったわけで……」

でも、この原稿に書いてしまいました。

「あんまり人に言わんでくださいね」

人には言わんけど、書いちゃいました。

私は、人の相談事に対して、とても「口は堅い」のですが、「筆は軽い」のです（いえいえ、本当はウソです。他人に知らせてはならないことは、決して喋ったりはしません。このKさんの相談事は、人に知られて困るようなことどころか、たくさんの人に知ってほしいくらいの内容だったので、書くことにしたのです）。

相談の内容。

「私、実は看護師をしているんですが」（Kさんは身長があってガッシリした体格の、30代前半の独身男性です）

「私が当直のときだけ……」

（ほっ、何か妙なものが出現したり消えたり、ですか……？）

「ナースコールがたくさん鳴るんです」

（誰も押していないのに、ですか……？）

「いえ、患者さんが押すんですけれど……」

（患者さんがナースコールのボタンを押せば、ベルが鳴るのは当然です。何かそこに超常的現象が……？）

私はワクワクして話の先を聞きたがりました。

「それで、それで……」

何か奇怪で不思議な現象が起きるならば、もう1泊してもいいくらいだ、と思いました。

「ほかの人の当直のときに比べて、私が当直のときはとてもナースコールが多いんです」

（ちなみに「ナースコール」とは、夜、患者さんに何か事情が生じて、看護師さん《ナース》をベルで病室まで呼ぶことを言います）

まじめな話みたいです。

「私のときには、患者さんがみな、どうでもよいことで呼ぶんです。あまりに忙しかったり、つまらないことで呼ぶので、時に声を荒らげたり、そこまでいかなくともイライラしたり……。そんな自分がなかなか改善できなくて、自己嫌悪なんです」

まじめな話なので、もう1泊しないで、帰ることにしました。

「イライラする自分を、イライラしない自分にしたら、いいんですね」

「そうなんです。こんなことでイライラするな、って自分でも思うんですが、ここ数年、行ったり来たり。どうしたらイライラしなくなるんでしょうか」

「そのことで悩んで数年、ですか」

「同じ悩みで何年も、です」

「では伺いますが、Kさんは、ナースコールが自分のときだけ半減することを望んでいるのですか？」

「えっ……」

と、Kさんは小さな声を上げました。

「Kさんのときだけ、ナースコールがとても多いんですよね」

「そうです」

「では、Kさんのときだけ、ナースコールがとても少ない、ということを望んでいるのですか？」

「うーっ」

と、Kさんはうなっています。

「Kさんが優しい人だから、頼みやすい人だから、ナースコールがたくさん鳴るのではありませんか？」

さらに私はたたみかけました。

「頼みやすい人だから、患者さんたちは、Kさんが当直の夜を待っているのかもしれませんよ」

「うーっ」

と、Kさんはまだうなっている。

「ナースコールが少ない方がいいですか」

数秒黙っていたKさんは、爆発したかのように（そういえば、雲仙《うんぜん》の噴煙が見えていましたが）大きな声で叫びました。

「多い方が、いいです！」

「じゃ、解決しましたね」

「解決しました！」

相談に乗ったのは2分くらいだったでしょうか。Kさんの数年の悩みは、わずか2分で解決の運びとなりました。

同じ現象を、イヤだ、嫌いだという側面ばかりで見ないで、反対からの見方をしてみると、おもしろいのです。

ナースコールが多いから大変、つらい、頼まれごとが多くてつらい、しんどい、というような場合、それらが少なくなってくれることを望んでいるのでしょうか。

いや、多分そうではないでしょう。その「多さ」の裏には、自分の「優しさ」や「温かさ」に対する、多くの評価が存在していることに、気がついていないだけのことなのです。

「頼まれやすい人だったのか」と気づいたときから、今までのイライラはきっとなくなるに違いありません。

Kさんは元気はつらつ、明るい笑顔で、私に手を振って帰っていきました。

イライラする人・させる人

「イヤだ」と思わなければ、「イヤなこと」はなくなる

あちこちでいろいろな人とお話をしていて、気づくことがたくさんあります。

先日も、

「イライラさせる人がいるわけではないんですよね」

と、話の途中で何気なく言ったところ、その後の食事会で、隣の人からこのように言われました。

「私は結婚して20年ほどたちますが、姑《しゅうとめ》や家族の問題で、ずっとつらい思いをしてきました。イライラさせる人がいるわけではない、という話は納得できません。実際に、人をイライラさせる人が、世の中にはいるではありませんか」

その女性は、環境問題などを勉強し、〝意識〟や〝心〟の研究をしてきたそうです。結婚生活も20年を超えるとのこと。

「イライラさせる人、ということですが……」

と、私はその方に説明を始めました。

「イライラさせる人って、どこかに存在するでしょうか、ね」

けげんな顔をして、その方は私を見ました。

「ある人が私の前に現れたとします。何かを言ったり、通り過ぎていったりしたとします。その人に対して、『私』が何も感じなかったとします。では、その人は『イライラさせる人』でしょうか」

「もちろん、違います」

「そうですよね。では、その現れた人に対して『私』がイライラを感じたとします。その人は『イライラさせる人』でしょうか」

「そうですよね。そこに『イライラさせる人』がいますよね」

ははは、と私は声を上げてしまいました。

「もう一度聞きますが、はじめの例で『私』が何も感じなかったときは、目の前の人は『イライラさせる人』ではなかったのですよね?」

「そうです」

「それが『私』がイライラを感じたときに『イライラさせる人』になったのですよね？」

「……」

その女性は黙り込んでしまいました。

あとで聞いた話では、そのときの衝撃は大きいものだったそうです。

「『私』がイライラしたとき、初めて目の前に『イライラさせる人』が出現したのですよね。では、『私』がイライラしなかったら、『イライラさせる人』は生まれないし、いないのですよね」

その女性は（後々での話ですが）、

「それだったら、今までの20年で背負ってきた重荷は、自分が勝手に作り上げた〝想像の産物〟であり、実体のないものなの。そんなばかな……。今まで苦しんできたのは何だったのか」

と思ったのだそうです。

あまりにも単純すぎて、多くの人、特に、人間関係に苦しんできた人にとっては、とても認めがたいものであるに違いありません。

「『私』がイライラした瞬間に、『イライラさせる人』が生まれた。では、『私』がイライラしなかったら……。『イライラさせる人』は生まれないし、どこにもいない」

という事実は、多分、誰にも否定できないことなのです。ただ、そういうことに〝気づく〟か〝気づかない〟かだけのことでしょう。

「自分が思う」ことで「イライラさせる人」を出現させているのです。もし「私」という存在が、目の前の人全てに対して「イライラする」ことがなければ、「私」の目の前に「イライラさせる人」が現れることはありません。

仮に、「イライラする自分」（と同時に「イライラさせる人」）が出現したとしましょう。

その「イライラさせる人」を変えようと考え、そのように相手を説得しても、ほとんど思うようにはなりません。相手を変えるのも一つの方法ではありますが、もっと簡単で楽な、手軽な方法があるのです。

それは、「自分」が変わること。

「イライラする『私』」を、「私」が変えてしまえばよいのです。そうしたら、目の前から「イライラさせる人」が消滅してしまいます。

こちらの方法の方がはるかに楽です。

相手を説得したり、変えたりするよりも、自分が「考え方」「とらえ方」を変えるだけですから、時間的にもエネルギー的にも、すごく楽なのです。

「そうは言われても……。なかなか簡単には変われません」

と、その女性は言いました。

ははは、と私は再び声を上げて笑ってしまいました。

「私は『イライラすべきではない』と『べき論』を言っているのではないのです。今のように、事実関係をちゃんととらえれば、『イライラさせる人』がいるわけではなく、『私』が勝手に生み出し、作り上げているだけ、ということに気づきます。

この宇宙的な、あまりにも簡単・単純なことを言っているだけで、『イライラするのが好き』『イライラするのが生きがい』という人は、趣味の世界に生きているわけですから、私がとやかく言うことではありません。

自分が『イライラするのが好き』という人は世の中にいるのですから……。ですが、『イライラさせる人』がいるではないかという話だけは宇宙的に違うと、申し上げざるを得ないのです」

「つまり、日常的な〝実践〟なのですね」

と、その方は明るい笑顔になりました。

「毎日毎日、目の前で起こる事件や現象について、どうとらえるか、の訓練なのですね。『イライラさせる人』が存在するわけではない、ということの実践的訓練の場なのですね」

「やっとわかってくださいましたね」

と、私も明るい気持ちになりました。

世の中に、「イライラさせる人」がいるわけではなく、「イライラする私」が生まれて、初めて「イライラさせる人」が生まれるのです。

同様に、「イヤなこと」「イヤな人」というのも、宇宙的には存在しません。「私」が、ある出来事、ある現象について、「イヤなこと」と思ったとします。

もし思わなければ、その出来事は無味無臭のまま、目の前を通り過ぎていった、何でもない現象でした。

それを「イヤなこと」と「私」が思った瞬間に、「イヤなこと」になった。「イヤなこと」が初めて目の前に出現したのです。

「イヤな人」も、全く同じです。「イヤな人」と「私」が思った瞬間に、「イヤな人」が目の前に、宇宙に、出現したのです。

では、「つらいこと」や「悔しいこと」は……。

みな、同じです。そう「決めつける」私の〝心〟によって、そういう〝現象〟が、初めて生まれます。

〝私の心〟こそが、私の周りに〝幸せ〟や〝福〟を作っているのです。

トイレ掃除のその後

なぜ、トイレ掃除をすると臨時収入があるのか

トイレのふたをし、その前に便器をきれいに磨くと、不思議な臨時収入があるらしい、という話は、以前に紹介しました。

その後、「掃除をし、ふたを閉めていたら、臨時収入があった」という連絡をくださった方は、１００人を超しました。

今のところ、最高金額は１２００万円。今も増え続けているそうです。もちろん、売掛金が入ってきたとか、貸していたお金が返ってきた、という話ではありません。全て「予期せぬ臨時収入」であったところがすごいのです。

８００万円の臨時収入があった方もおいででした。

この方は20年ほどヨガ教室をされてきたのですが、多くの方が（20年たてば20歳の年をとったわけですから）高齢になり、若い人は結婚して家庭に入り、ということに加えて、20

年の間、料金の値上げをしてこなかったために、経営的に厳しくなったとのことでした。20年の締めくくりとして、私の話をみなさんに聞かせたいと、私は北陸まで呼ばれたのです。もう2〜3カ月で蓄えが底をつき、自分の生活を考えなくてはいけないということでした。「最後の記念講演」だったのです。

講演開始の1時間ほど前に、そのヨガ教室である講演会場に着きました。そして、その1時間の間に話をされたのが、以下のようなことでした。

先日、全く知らない弁護士から電話があった。知り合いの人が亡くなったとのことだった。その人とは3〜4回しか会ったことがなく、友人というより、単なる顔見知りという程度の人だった。葬式も通夜も連絡がなくて参加できなかった。列席できなくて申し訳ないと言うと、そんなことで連絡したのではない、と話し出した。

話の内容は、亡くなった方の遺言書を開けたら、あなたの名があり、世のため人のために頑張っている人だから、遺産のうち800万円をあなたに贈ってくれとのことだった。で、あなたのところに800万円が行きます、との連絡だった。

「それで、もう2〜3年は今のままでやっていけることになりました。ですから、小林さんの講義も、『最後の記念講演』ではなくなりました。すみません」

「そんなことで謝る必要はありませんが、喜ばしい話ではありませんか。それにしてもすごい話ですね」

「そうなんです。それだけでもすごい話なのに、もっとすごいことがあったんです。ゾッとするような話が」

「ゾッとするような話、となれば聞かないわけにはいきませんね。どんなことがあったんですか」

「とんでもない臨時収入なわけですから、当然、正観さんが教えてくださったトイレ掃除の話と結びつきますよね」

この方は、トイレのふたの話を聞き、やり始め、どうしても便器をきれいにしなければ気がすまない、と思った方々の中の一人でした。始めて1カ月半の間に、臨時収入があった方なのです。

「はじめは、臨時収入があるという現象が生じて楽しかったのですが、毎日掃除をしているうち、しだいにお金のことや収入のことは、どうでもよくなりました。


トイレ掃除は、続けていくと、すること自体が楽しくなって、収入だとかお金だとかは、

飛んでしまうんですね。 もう人生の中にトイレ掃除は欠かせない、という状況になっていました。ですから、ずっとトイレ掃除は続けていました。

驚いたことに、その弁護士さんからの電話があった日というのが、1年前に正観さんに話を聞いてトイレ掃除を始めたその日だったんです」

「同じ月、同じ日ということですか」

「そうなんです。ちょうど1年前の、同じ月、同じ日。そんな偶然ってあるんでしょうか」

「それはもう偶然なんてものではないでしょうね。同じ月、同じ日などということになれば、宇宙、あるいは天の意志というものを感じます。トイレ掃除のゆえですよ、というような」

「そうですよね。私もそう思いました。こんなことが本当にあるんですね」

本当に不思議な話でした。ゾッとするような話です。もちろん、よい意味での「ゾッとする」話ではありました。

800万円とか1200万円とかの金額は別格ですが、次のような不思議な話も報告されています。

ある人がトイレ掃除をし始めてから、1カ月半くらいたったときのこと。

いつも開け閉めしているタンスの引き出しに、突然、2万円入っていたというのです。この人は一人暮らしとのことで、同居人はいない。つまり、ほかの人がタンスに入れて忘れたということはないようなのです。前日の夜も、タンスのその引き出しを開け閉めしていたそうですから、記憶違いをするほど遠い昔に開けたわけでもないのです。

昨夜入っていなかったものが、翌朝、突然に「あった」という不思議さ。

もう一つ、こんな例もありました。

同じくタンスが舞台なのですが、別の人の話です。

あるタンスの引き出しにハンカチなど小物を入れておくのですが、あるとき、その引き出しを開けて捜し物をしていたら、封筒が出てきました。中には一万円札が10枚、10万円あったとのこと。

実は、この人も一人暮らしで、ほかの家族がへそくりとしてこの引き出しに入れたということはあり得ない、しかも、この体験をした人は経済的に厳しい生活をしており、とても10万円の存在を忘れるなどということはあり得ない、絶対にないというのです。

仮に封筒に1〜2万円入っていたとして、それでも自分は置き忘れたり、その存在を忘れてしまうなどということは、貧乏である自分にはあり得ない、と強調しました。

　ましてや10万円の封筒となれば、その勤労女性が言うには、忘れてしまうなどというより、10万円を封筒に入れるという状況そのものが自分には思いつかない、とのことでした。話を聞いていると、これもやはり「突然に出現した」と言わざるを得ないものでした。「臨時収入があった」と報告してくださった方が１００人を超えるというのもすごいことですが、その中に、どうしても「宇宙から突然に出現した」としか思えない状況のものが2例あるのです。

　たった2例といえども、トイレ掃除をしていたら「タンスにお金が湧いた」というのですから、驚きを通り越して、不可思議（思議すべからず）の世界。

「お金が欲しいために」「臨時収入が欲しいために」トイレ掃除をしてよいのか、と思う方もおられるでしょうが、**邪心、下心、損得勘定を全て認めて、とりあえずトイレ掃除とふた閉めは、何か楽しいことを起こすような気がします。**

（編集部注＝トイレ掃除をすると臨時収入がある理由については、小社刊『なぜ、神さまを信じる人は幸せなのか？』に書かれています）

思わず合掌

「よくないこと」は、実はよいタイミングで起こっている

1999年（平成11年）5月28日。

この日は、41泊42日の旅の終わりの日でした。4月15日から始まった西日本の取材旅行は、九州・鹿児島《かごしま》、四国《しこく》、大阪、和歌山《わかやま》、奈良を経て、最後の1週間は金沢、富山《とやま》、新潟を巡るものとなりました。

5月27日、最後の夜は、新潟県十日町《とおかまち》市。昼間は観光ポイントを見て回り、夜は講演会というパターンで、この41泊42日の旅では40回の講演を頼まれていました。出発日と帰りの2日は講演できないとして、講演可能な日は40日。

そこに、計40回の講演を頼まれていたのですから、不思議と言えば不思議です。多く頼まれた分をお断りして40回になったというのではなく、頼まれた数がちょうど40だったのです。この旅はスタートからこんな「不思議」なことが起きていました。

5月27日は十日町市で講演をし、主催者の方がとってくださったホテルに帰ってきたのは深夜です。しばらく起きていて、眠りにつきました。

5月28日朝、目覚めたとき、口もとで「ビッ」という音がしました。

何だろうと思い、口のあたりを触っていたら、前歯が1本グラグラしていました。何と、突然に前歯が1本折れたのです。

原因は、歯ぐきをブラッシングしすぎて歯の根元を削り、そこに溝を作ったがゆえに歯がさらに侵食されて折れた、ということでした。これは、あとで治療に行ってわかったことです。

折れたことがわかったとき、私が最初にしたことは、ベッドの上で寝間着のままで、手を合わせることでした。思わず、

「神さま、ありがとうございます」と言っていたのです。

新潟市に大変穏やかで温かい歯科医のご夫婦がいらして、お二人で歯科医院をやっています。私の講演会を何度も主催されているご夫婦でもあり、このご夫婦に治療をお願いしようかということも一瞬頭をかすめました。

しかし、この最終日28日は、旅の終わりの日でもあると同時に、伊豆《いず》・伊東《いとう》における私

の合宿の開始日でもありました。

私はこの旅を車でしていましたから、もし新潟市まで行くとなると、東京から遠ざかり、時間的に大変厳しい状況となります。もともとの予定が、自宅に数時間いるだけで（泊まらずに）伊豆にまた移動するというものでしたし、また、旅に保険証も持っていませんでしたから、とりあえず自宅に向かうことにしたのでした。

のちに、私はこの歯の治療のために、厚木市《あつぎし》（神奈川県《かながわけん》）の梅田《うめだ》歯科に行くのですが、梅田麗子《れいこ》先生は気功の勉強をされ、「小林正観と行く軽井沢《かるいざわ》1泊2日ツアー」に参加されたり、時々私の話を聞きに来てくださる縁もあり、さらに、私は東名《とうめい》高速の東名川崎《かわさき》インターから3分ほどのところに住んでいるため、厚木までひとっ走り（25分ほど）という好条件もあって、私にとっては大変に「有り難い」存在だったのです。

その梅田先生が、折れた歯の治療に3時間も費やす（折れた歯の両隣の歯などについてもやってくださったのですが）という事実を以てしても、もし、旅行中に（講演中に）折れていたらどうなっていたか、考えただけでもゾッとします。

旅先で、未知の歯科医院を訪ねても、予約がなければほとんどダメでしょう。好意的なところでも「今日は予約でいっぱい。明日なら15分ほどとれる」というくらいだったでしょうし、それも、1回で何時間もかけて治してくれるなどということはあり得ないことだったと思うのです。

ですから、40日の講演が続いている最中であったならば、私は多分、前歯が1本欠けた状態でみなさんにお話をするという状況になっていたことでしょう。

いつか、どこかで前歯が折れるはずだった。歯の寿命は、上手に使えば80年も保《も》つのですから、その80年の寿命のうち40日などというのは誤差の範囲。自然に折れたのだから、この41泊42日のうちいつ折れてもいいくらいの状態であり、ちょっと外的な力が加われば間違いなく折れていたはず。

それが何と、**折れたのは全ての講演が終わった翌朝だったのです。思わず手を合わせて感謝したくなった気持ちが理解していただけるでしょうか。**

5月28日は車で自宅まで走り、自宅では夕食を食べただけで、その夜から伊豆の合宿が始まりました。28日は金曜日でしたから、土・日を待ち、月曜日に厚木の梅田歯科まで出かけたのでした。

合宿は6月2日に終わり、6月4日からは東北《とうほく》地方と関西《かんさい》とを合わせた12日間の旅が待っていました。

「折れてくださった」のは、これ以上ないという絶妙なタイミングだったのです。

２〜３年前、地方の高速道路を走っていたとき、左後ろのタイヤが、突然パンクしたことがあります。

時速は１００kmほどで、追い越し車線を走っていたのですが、バシッという音とともに左後ろが異音を発し、ハンドルをとられました。左側の走行車線を見ると、左隣にも左後ろにも車がいない。ウィンカーを出して左側の路側帯にゆっくり停めました。その路側帯に、わずか30mほどながら路側帯の幅が広くなって車を停めておいても追突される恐れのないスペースがありました。そこに停めることができたのです。

左カーブでしたから、カーブを走ってくる車には私の車は見えにくい。もしかしたら追突、などという可能性もあったでしょう。うまく車が停められる安全スペースのあるところでパンクということになったのでした。

スペアタイヤに交換を終えると、わずか５００mでインターチェンジ。そのインターチェンジを下りて国道に入れば、またまた５００mのところにタイヤ屋さんがありました。

「どこかでパンクをしなければいけない状況であったなら、最も安全で問題のないところでパンクをした。ありがたい」と、そのとき思いました。パンクの原因は使いすぎ。タイヤが磨耗していたせいなのです。いつ、どこでパンクしてもおかしくない状態でした。

歯が折れたことも、パンクしたことも、その出来事だけを取り上げれば「不幸・不運」と言ってもよいのかもしれません。が、その起きた時期、時刻、タイミング、置かれた状況というものを考えてみたとき、「こんなに恵まれた状況はないのではないか」と思えることが多々あります。よく考えてみれば、奇跡のようなことが起きているのです。

「不幸・不運」と結論を出す前に、「別のときに起きていたらどうだったか」と考えてみる……。

「思わず合掌」ということが、私たちの生活には、実はたくさんあるのではないでしょうか。

私だって

「してあげたこと」にも「させてくださってありがとう」と言う

先日、楽しく嬉しくなるような話に出会いました。

お釈迦さまを頂点とする仏教徒集団は、1250人もの大人数で生活をしていたらしいのです。今から約2500年前、紀元前500年ころのことです。

ある弟子が、お釈迦さまがとてもよい説法をしていたのに眠りこけ、話のあとに先輩たちからずいぶん叱《しか》られました。その弟子は、そこで、こう宣言しました。

「私はこれから絶対に目を閉じない。眠るときでも、目を開けて眠ることにする」

そういう修行を選んだのです。

インドには今も、何年も片足で立ち続ける者や、土の中に埋まったまま何年も過ごしている者など、さまざまな〝修行中の人〟がいるそうですが、どうもそういう〝苦行〟的なことをし続ける「聖者」が、古くから伝統的に存在していたようです。

何年も目を閉じなかった結果、その弟子は目が見えなくなってしまいました。失明したのです。

当時、お釈迦さまを取り巻く集団は、**できる限り自分でできることは自分でやり、どうしても自分ではできないことを他人にやってもらう**というかたちをとっていました。

ただ、その「他人にやってもらう」というのも、「無財《むざい》の七施《しちせ》」の教えをベースにしていたようです。

「無財の七施」とは、「財力がない人にもできる七つの施し」のこと。

一、優しい眼《まな》ざし（目）

二、思いやりに満ちた言葉（口）

三、温かな笑顔（顔）

四、他人の悲しさをわかる心（胸）

五、荷物などを持ってあげる（手足）

六、席を譲ってあげる（尻）

七、寝る場所を提供する（背）

お釈迦さまを取り巻く集団では、何か人に頼むとき、こういう呼びかけをしていたらしいのです。

「誰か、私に施しをし功徳《くどく》を積んで、幸せになりたい人はいませんか」

「施し」をすることは、「他人のため」ではなく、「自分のため」であったというのは驚くべきことでした。

例えば、「人の為」と書いて「偽り」という文字ができています。漢字は紀元前1500年ころ、今から3500年ほど前に一応の成立を見たものです。それは、お釈迦さまの時代より1000年ほど早い時代で、しかも中国という国で、でした。

紀元前1500年の中国で「偽」という文字を作った人がいて、その1000年ほど後にインドで「自分の功徳のために、他人に施しをしよう」と唱えた人がいるわけです。宇宙からの情報（真実）は常に同じである、と言ってよいのかもしれません。

それはともかくとして、当時のお釈迦さまの集団は、小さな布切れを拾ってきてはそれを縫い合わせ、それぞれの人の衣《ころも》にしていました。

目が見えなくなったその弟子も、あるとき布切れを縫い合わせて衣を作ろうとしました。

しかし、最初のことである、「針に糸を通す」ことができません。

彼は、大きな声で、

「どなたか、私に施しをし功徳を積んで、幸せになりたい方はいませんか」

と、周りの人に呼びかけました。

目の前を通りかかったらしいある人が、

「私にやらせてほしい」

と言いました。

「えっ、その声はお師匠さまではありませんか」

お釈迦さまが、ちょうどその弟子の前を通りかかったのでした。

「それはそれは、大変、失礼なことを申しました。お師匠さまにそんな大それたお願いをするわけには参りません。今の言葉はお聞き流しください」

と、その弟子は言ったそうです。まさか、ちょうどお釈迦さまが通りかかるとは思っていなかったでしょう。あわて、驚き、恐縮した気持ちは理解できます。

弟子から「そんな大それた」と言われたお釈迦さまは、そのとき、こう言いました。

「なぜだ。なぜ私ではいけないのか。私だって幸せになりたいのだ。私だって、もっと幸せになりたい」

お釈迦さまは、ありとあらゆる執着を離れることができ、全ての苦悩・煩悩から〝解脱《げだつ》〟した方です。何も悩みはなく、十分に幸せになっていた人でした。

その人が、「私だって幸せになりたい」と言ったというのです。

何と素敵な一言でしょう。

よく考えてみれば、お釈迦さまは仏教徒ではなかったし、キリストもクリスチャンではありませんでした。仏教典はお釈迦さまの死後700年もたってまとまったものでしたし、キリスト教の聖書も、キリスト死後300年もたってから認められたものでした。

お釈迦さまもキリストも「宗教者」ではありませんでした。宗教者ではなかったけれども「実践者」だった……。

私の周りの人に、この「施し」の話をしました。そこから、ただでさえ温和で明るく楽しい雰囲気であったものが、さらにパワーアップしたのです。

何かをしてもらったとき、普通の「ありがとう」は多用していましたが、この話のあとからは、このように言うようになりました。

「幸せになってくださってありがとうございます」

そうすると、必ずや、こういう言葉が返ってくるようになったのです。

「いえいえ、幸せにしてくださって、ありがとうございます」

あるとき、十数人で合宿をしていたのですが、台所で、女性が大きな声で言いました。

「どなたか、幸せになりたい方はいませんか」

その声を聞いた男性4～5人が、みな、笑顔で立ち上がり、台所に行き、数分後にまた笑顔で帰ってきました。

またあるときは、こんなこともありました。私は肩が凝ることがあるのですが、合宿をしているときに、こんなふうに呼びかけたのです。

「Aさん、私の肩もみをして、幸せになりたいと思いませんか」

Aさんは肩もみがとても上手なのです。

もちろん、私は笑顔で言ったのですが、Aさんも笑顔でこう答えました。

「いえいえ、私は十分、幸せでございます」

そこに同席していた10人ほどがドッと笑い、提案に対する拒否、というかたちになったにもかかわらず、とても明るく楽しい温和な空気が流れたのでした。

ちなみに、Aさんは、そう言いながら私の背中に回り、肩をもんでくださったため、さらに温かい空気になったのです。

「幸せになりたい方はいませんか」

という呼びかけは、「私」だけでなく、周りのたくさんの人を「幸せ」にしていくようです。

何かをしてもらって「ありがとう」を言うのは、「ありがとう」のすごさの半分くらいしか使っていないのかもしれません。

「ありがとう」は、してもらったときだけでなく、こちらがしてあげたとき、させていただいたときにも使えるのです。「させてくださって、ありがとう」

人のためではなく、自分からしてあげることでたくさんの「ありがとう」（させてくださって、ありがとう）を言うことができるというのは、何とも楽しいことではありませんか。

飢饉普請《ききんぶしん》

「喜ばれる」お金の使い方をする

1999年の夏、新潟で。

新潟市の三つのグループと、十日町市のグループとで計四つの会が設定され、その間の日中、「北方文化博物館《ほっぽうぶんかはくぶつかん》」というところに案内されました。

「北方文化博物館」は新潟市の中心部から東南に15kmほど離れたところにあり、もともとは豪農・伊藤家《いとうけ》の家でした。65室もある大邸宅を財団法人化し、館長を伊藤家8代目当主の伊藤文吉《ぶんきち》さん（編集部注＝2016年に他界）が務めておられます。

大地主かつ豪農であった伊藤家は、このあたりでは知らぬ人がいないほど有名な家でしたが、伊藤家を全国的に有名にしたのは、35年前（編集部注＝1964年）の新潟大地震でした。

新潟大地震では、砂地を地盤とする新潟市のほとんどがやられ、倒壊した家屋だけでなく、その後の大火の被害も大きいものでした。ところが、震源地のすぐ近くに建っていた伊藤家は、瓦一枚落ちることなく、壁にひびさえ入らなかったのだそうです。

周囲では土蔵が壊れたり倒れたりしました。本来、土蔵は堅固に造ってあるものですが、それらの土蔵さえ倒壊するほどのひどい地震でした。

が、伊藤家の建物は「それこそ全く」被害を受けなかったのです。

ここは「パワースポットではないか」と言われるようになり、訪れた船井幸雄《ふないゆきお》さんが「ここにいくつもパワースポットがある」と言明したところから、そうした「パワー」や精神世界の研究者にも知られる存在になりました。

二十数名の方と、伊藤館長のお話を伺いました。伊藤館長は、この家で生まれ育ったのだそうです。

パワースポットの話も出ましたが、私が最も関心を持ったのは、庭の築山《つきやま》でした。伊藤館長の父であったか祖父であったか、正確に覚えていないので申し訳ないのですが、その方が日本庭園のほぼ中央に、高さ5mほどの築山を造ったとのこと。

あえて説明の必要はないでしょうが、築山とは、日本庭園の中に人工的に土盛りをしたものです。日本庭園には「心字池《しんじいけ》」とか「飛び石」とか、見るべきポイントが何カ所かあるのですが、築山もその一つ。多くの場合、苔《こけ》におおわれた築山に、登って下りる散歩道が造られています。

数十年前（編集部注＝1953年）、当時の伊藤家当主は、この築山を造るにあたり、近郷近在の人に呼びかけをしたそうです。そして、そのときにこういう要請をしました。

「車や機械を使わずに、土は手で運んでほしい」

結果として、何百人もの人が関わり、年月としては3年半かかったそうです。

その当時、たまたま越後《えちご》平野は不作が続き、付近の農家はつらく苦しい状況でした。「その人たちに、長い仕事になるように」手で運んでくれ、と言ったのだとか。のちに、伊藤家はたくさんの家から「おかげで一家心中せずにすみました」とお礼を言われたそうです。伊藤家でも、このような「お金の使い方」をしていたことが、（よい意味で）ショックでした。

というのは、日本に商人道というものを確立したと言われている近江《おうみ》商人たちも、いつも同じように生きていたらしいからです。それを知っていたために、私の中で二つが結びついて、「ある状況」が見えてきました。

近江（今の滋賀《しが》県）には「飢饉普請《ききんぶしん》」という言葉があります。近江商人たちは子孫に多くの「家訓」を残しましたが、その中に「飢饉普請」という教えを示しました。

「飢饉普請」とは、「飢饉」（米や畑作が不作で農家の人々が困窮すること）のときには、家や店を増改築せよ、というものです。

「蓄えた金を、そのときこそ惜しみなく使え」というのです。そういうときに金を惜しんではならない、できる限りたくさん使え、というのが「飢饉普請」という考え方でした。

田や畑が不作で農家の人々が困っているときに、「仕事」を生み出すために家や店を作れ、増改築せよ、というのです。

お店でものを買う立場から考えてみましょう。

そのお店で買い物をすることで、そのお店は利益を貯め込む。が、いざ不況、いざ不景気となったとき、そのお店は、今まで貯め込んだ利益を吐き出して、多くの人が労賃を得られるような仕事を創出するのです。その結果、買い物をしていた側の「私」に、仕事が回ってきて助かることになる。

「私」たちからすると、そのお店で買い物をすることによって富を蓄えてもらうことになるのですが、その**「蓄えられた富」は、困ったときに「私」を救ってくれる富でもあるのでした。**「私」にはこの上なく安心な「保険」です。買い物をしながら、「この家にたくさんの利益が貯まってくれますように。富がこの家にたくさん集まりますように」と、客の側が祈り、願っている情景が浮かび上がってきます。

阪神《はんしん》・淡路《あわじ》大震災のとき、ラーメン1杯で、5000円とったお店があったそうです。店が何もかも崩壊した直後は、それでも長蛇の列でした。が、街が復興するにつれて、お客は来なくなり、ついには倒産したそうです。「倒産した」ということは、5000円のラーメンで得た利益は全く手元に残らなかったということでしょう。

新潟の伊藤家は何代にもわたり大地主であり、豪農でした。が、ただ単に裕福で富がある、と威張っていたわけではない。いつもいつも「どのようなときにお金を使えばいいか」「どうしたら喜んでもらえる使い方になるか」を考えていたらしいのです。

私たちは、「想像を超える裕福な人」という方々と、あまりお付き合いがありません。もともと日本の税制は、3代で庶民になる（どんなお金持ちであっても）ように設定されており、大金持ちが代々続くようにはなっていないのです。

が、たまたま、「豪農」として知られた伊藤家の当主から、そういう話を聞くことができて、幸いでした。**何代も「お金持ち」を続けた家は、常に「飢饉普請」的な発想を持っていたのです。**

ですから、周りの庶民から恨まれたり憎まれたり、妬まれることが少なかった。いやむしろ、この家に富が貯まってほしい、裕福であり続けてほしい、と周囲の人から念じられるほどの存在であったのでしょう。

その富の使い方が本当に困った人たちへの救いになったら、「お金」自身も嬉しくて楽しくて、その家に自らの意志で集まりたい、と思うようになるのではないでしょうか。

「どうしたら貯まるか」ではなく、「どうしたら、周りの人やお金自身に喜ばれるような使い方ができるか」を考えていたら、知らず知らずのうちに「富」は貯まっていくのかもしれません。

見えないもの

「何もない」「静かで平穏な」日々こそが「幸せ」な人生

愛媛《えひめ》県の県庁所在地・松山《まつやま》市には、道後《どうご》温泉があります。

一説には、中国4000年の歴史に対する道後温泉3000年の歴史なのだとか。

日本三古湯の一つとも言われ、もともと「湯の国」の名称のもとになったのです。紀州《きしゅう》はもともと「木の国」で、2文字の好字化《こうじか》という政策にのっとって、「湯の国」は「伊予《いよ》の国」に、「木の国」は「紀伊《きい》の国」に変えられたのでした。

ですから、道後温泉は「伊予の国」=「湯の国」の建国の祖とでも言うべき存在なのです。

この道後温泉に、明治時代に建てられた「道後温泉本館」という建物があります。名称は宿舎のようですが、入浴だけを提供する公衆浴場（もちろん、温泉です）の機能しか有していません。

先日、ある人と話をしていたら、たまたま道後温泉の話になりました。

その「道後温泉本館」のお風呂に入ってきたのだそうです。

「よかったですね。日本一でもあり、世界一でもあるものを、見てこられたのですね」

「えっ……」

と、その方はけげんな顔をされました。

「そんな、日本一や世界一のものが、道後温泉にあるんですか？」

そうなんですよ、と、あとはクイズのようになったのですが、10人ほどの人がいたのにどなたも知りませんでした。

「日本一でもあり世界一でもあるというのは、浴場の浴槽です」

というのが答え。

「浴槽の何が一番なんですか」

とみなが身を乗り出しました。

実は、道後温泉の浴槽は、一枚岩をくり抜いて造った、一枚岩の石風呂なのです。大きさでは日本一の「岩をくり抜いた風呂」なのですが、世界のどこかにすごい大金持ちや王様がいて、自宅用の浴槽を一枚岩をくり抜いて造らせているかもしれませんが、とりあえず「世界一」の場合は「誰でも入れる（公衆浴場としての）世界最大の一枚岩の浴槽」ということになるのでした。

そこにいた方々の半分ほどは、この道後温泉本館の大きな浴槽に入った経験をお持ちでしたが、誰もこの事実は知りませんでした。

さらにおもしろいことに、「ずいぶん大きな石の風呂だ」とも思わなかったというのです。お風呂に入ったのですから、その浴槽は「目に入っていた」はずです。その浴槽を見ながら浴槽の中につかっていたはず。

ただ、その浴槽は、「目に入っていたけれども、見えていなかった」ものになりました。

そのつもりでものを見ないことには、私たちには見えないものがたくさんあるようです。

ある友人が、九州の阿蘇《あそ》に行ってきました。阿蘇山は世界最大級のカルデラを持っています。25×18㎞という大きなカルデラ（火口底）です。そこに町があり、田があり、そのカルデラの中央に盛り上がったのが中央火口丘。

現在は「阿蘇五岳《ごがく》」と呼ばれ、登山道やロープウェイがあり、狭い意味でこの中央火口丘である阿蘇五岳を、阿蘇山と呼んでいます。

阿蘇カルデラは世界最大級のカルデラですが、私の古い友人である彼は、そのことを知りませんでした。

「世界最大級の外輪山《がいりんざん》を、バスで下ったわけだね」

と聞いた私に、彼はけげんそうな顔をして、こう言いました。

「何、それ」

世界最大級のカルデラが日本にあり、その現場に行ったのに、彼は残念ながら、「見てこなかった」のです。

どうも、私たちには、「見ているのに見えていないもの」が、たくさんあるようです。私自身にも知らないがゆえに「見えないもの」が、山ほどあるに違いありません。

その中の、とても重要なものに気がつきました。

「幸せ」というものです。

実は、私たちは「幸せ」というものの本質を知らなかったのかもしれません。「見てはいる」けれども、「見てはいない」ものの一つに、「幸せ」というものがあるように思えます。

結論を言ってしまえば、「幸せ」の本質は「日常」なのです。「山のあなたの空遠く」にあるわけではありません。

例えば、偏頭痛の人がいるとします。

ずっと偏頭痛に悩んできた人は、「もしこの偏頭痛が消えてくれたら、どんなに幸せだろう」と思っていることでしょう。そして、ある日突然、その偏頭痛が消えたら、「何もない」「静かで平穏な」日々が、どれほど「幸せ」であるか、を実感するのです。

では、その偏頭痛が今まで全くなかった人は、どれほど「幸せ」であったのか。

まさしく「幸せ」の海の中に暮らしてきたのです。ですが、それが（偏頭痛が持続していたことが）自分の生活になかったがゆえに、自分が「幸せ」の中に暮らしていることを知りませんでした。

「知らない」がゆえに「見えない」ものが、たくさんある。目に入っているにもかかわらず、「見えない」し、「わからない」「認識できない」のです。

その代表的な例が「幸せ」であるのかもしれません。

ある人が、例えば台所で、タクアンを切りながら、「あーあ、幸せ」と言ったとします。その人は、台所でタクアンを切っているだけで「幸せ」なのですから、「どこに行かなくても」幸せ、であるのです。「どこに行かなくても幸せ」な人は、「どこに行かなくてもよい」のですから、「どこに出かけてもよい」ということになります。

ドイツの詩人、カール・ブッセは、「山のあなたの空遠く　『幸《さいわい》』住むと　人のいう」と、詩に書きました。「噫《ああ》われひとと　尋《と》めゆきて」というのは、「友人と泊まりがけで旅に行ってきたが」ということです。

けれども、「涙さしぐみ　かえりきぬ」、涙ながらに帰ってきたのだそうです。ドイツ語に詳しい人に、原典をあたってもらったところ、「涙を流す」「泣く」というドイツの言葉は2種類あるのだそうで、「悲しくて泣く」の方の言葉が使ってあったとか。つまり、「幸」に会うことはできず、「悲しくて」涙を流しながら帰ってきた、ということなのです。

それでも、「山のあなたに　なお遠く　『幸』住むと人のいう」、とカール・ブッセは書いたのでした。

海の中に住む魚には「海」の姿がわかりません。同様に、「幸」の中に住む人間には「幸」の姿がわからない。

「見てはいる」が「見えていないもの」が、世の中にはたくさんあるのかもしれません。

あとがき

死ぬことが怖くなくなる「ものの見方」

「未来の智恵《ちえ》」シリーズ5（編集部注＝『こころの宝島』）を出してから、何と1年以上もたってしまいました。

1999年は6冊目の本が出せないのか、もう書くことができないのかと思っていましたが、9〜11月くらいに、（忙しさは変わりなかったのですが）なぜかトントンと原稿ができ、その結果として12月14日に間に合うような運びとなりました。

「はじめに」に書いたように、12月14日というのは、私がこの本をその方のために書くと決意をした、平川さんのちょうど命日にあたります。元禄《げんろく》の赤穂浪士《あこうろうし》の討ち入りも12月14日でした。私の体の中には浅野内匠頭《あさのたくみのかみ》の血が流れているらしいのですが、そういう関係も私を応援してくださったのかもしれません。

1999年の後半、仕事や講演日程が忙しく本当に時間がとれず、今年中の出版は無理だろうと思ったことが何度もありました。あきらめかけたことも何度もありました。しかし、本当に自分の力とはとても思えないような短い時間の中で次々に文章を作ることができて、奇跡的に12月に本が出せることになったわけです。

生きることだけを考えていると、「生」というものが見えてきません。「死」というものを避けて通らずに真正面から直視して、死ぬことを恐れずに生きることを考えてみる、そういうことが必要なのではないでしょうか。

この本を読んだ人が、一人でも多く生きることに勇気を持ち、生きることに力を抜き、笑顔になって平和で幸せに楽しく暮らしてくださることを願ってやみません。

「早く原稿を書いてください」「早く次の本を出してください」と私に励ましの言葉をかけてくださった方に御礼を申し上げます。

ありがとうございました。

1999年11月

小林正観

解説

旅立たれたあとも「存在の生」を生きる正観さん

正観塾《せいかんじゅく》師範代　高島《たかしま》　亮《りょう》

「人間《じんかん》五十年、下天《げてん》の内をくらぶれば、夢幻《ゆめまぼろし》の如《ごと》くなり」

織田信長《おだのぶなが》が吟じたころからはるか時を経て、日本人の平均寿命は大きく延びました。80歳を超え、「人生100年」時代の到来も近いと言われています。このような時代だからこそ、「長く生きる」こともさることながら、「いかに生きるか」がより重視されるようになってきています。

「いかに生きるか」を考えるために、生と死について、あちら側とこちら側から見通したのが本書です。

138ページに「人生はオセロゲーム」という例えが出てきますが、**生と死もまた、オセロの白と黒のように、切っても切り離せない表と裏の関係にあるのかもしれません。**

生きることだけを考えても、「生」は見えてこない。「死」を避けるのではなく、真正面から直視する。それを通じて、「いかに生きるか」を深く、本質的に考えるための最適なテキストになっています。

小林正観さんは生前、60冊の著書や、年間300回を超える講演などを通じて、「人生が楽に、楽しく、幸せになるものの見方」を「見方道《みかたどう》」として伝えていました。もともと唯物論的な考え方の持ち主だったそうですが、見えない世界や心の世界を研究するようになってからも、どうしても、次の三つのことが受け入れがたかったと言います。

◎神仏が存在する
◎未来が確定的に存在する
◎魂や生まれ変わりが存在する

本書では、正観さんがこの三つを受け入れるようになった過程を垣間《かいま》見ることができます。

そして、寿命も人生のシナリオもすべて決まっていること、死を恐れる必要はないこと、死もまた人生のシナリオの一部であることが示され、それを踏まえて、いかに生きればいいかのヒントが、いくつもの角度から提示されています。

特に、第2章で説明されている**「人生のシナリオが決まっている」**という見方は、「過去の選択について後悔することもなく、未来の選択についても心配せず、考え込むこともない」状態、つまり、迷いのない状態になるには有効です。

未来が確定的に存在するというところから、人生のシナリオも確定的に存在するという結論に達したわけですが、この見方ができると、過ぎたことを悔やんだり、まだ来ないことを心配したりするのは、意味がないということに気づきます。**人生のシナリオを「受け入れる」ことができると、悩みや不安はなくなるわけです。**

そして、過去と未来への「思い」を手放して、今、目の前にいる人、今、目の前にあることを大事にすることだけを考えればいいということが示されます。**「念を入れて生きる」「今日、ただ今、この刹那を大事にして生きる」**という生き方です。

正観さんは、悩みや不安が過去や未来への「思い」から生まれることを洞察し、そこから脱する見方として、「人生のシナリオ」と「今、目の前」をセットにして提示したのでしょう。

「全ては決まっている」と見ることができると、頑張って自分の力だけで道を切り拓かなければいけないという「思い」や「執着」がなくなるので、生きるのが楽になります。すべてのことを受け入れて、おまかせで生きることにもつながりますが、正観さん自身も、まさにそのような生き方の実践者でした。

本書のもとの本が弘園社から出版された1999（平成11）年ごろには、すでに正観さんには講演依頼が急増しており、やがては年間300回を超えるようになるのですが、正観さんは当時、よくこんなふうに話していました。

「みなさんは私のスケジュールを気づかって、講演回数をセーブしたほうがいいと言ってくださいますが、私は依頼を断りません。私は自分の寿命を知っています。いつ死ぬかがわかっているので、それまで頼まれごとを受け続けていくだけです。依頼が増え続けても、受けていって、疲れ果てて死ぬ。それでいいんです。ちなみに、そのとき乗っている車は、カローラ（過労ら）ですね（笑）」

実際に猛烈なスケジュールになっていっても、正観さんは、命を長らえることよりも、頼まれごとを断らずに、今、目の前を大事にすることに重きを置いたのでした。

すべてを受け入れて、起こる出来事に一喜一憂せず、穏やかに、楽しく生きることを、淡々と実践し続けました。

2009（平成21）年に病気で体調を崩したあとも、その姿勢を変えることはありませんでした。入退院を繰り返しながら、さらに途中からは人工透析を受けながら、講演や出版の依頼に応え続けていきます。

そして、2011（平成23）年10月に、ぼくが主催した「正観さんとの上高地《かみこうち》ツアー」で参加者さんたちと楽しい時間を過ごした翌日、サッと旅立たれたのでした。病を得ながらも、その状況を「平気で」生きるその姿は、穏やかで、淡々とした中にもすごみを感じさせるものがありました。**正観さんの死生観は、自らの生きる姿を通して、身を以て示されたように思います。**

まさに、「師・正観」。その言葉どおりの生き方を最期まで貫かれたのでした（最後に乗っていた車は、カローラではありませんでしたが）。

37ページに「二つの死」の話が出てきますが、正観さんは今も「存在の死」を全く迎えていません。正観さんに触れた人たちの中には、その教えや思い出とともに正観さんが今なお生き続けています。のみならず、本書もその一つであるように、亡くなったあとも新刊は出続け、ベストセラーになり、また新たな人たちが正観さんを知るようになるなど、普通では考えられないことが起きています。

まさに、「肉体の死」を超えて「存在」として生き続けるということが、このような形で示されているわけです。

『22世紀への伝言』（廣済堂出版）の中で、「**人が死んだあとに残るものは、集めたものではなく、与えたものである**」という、三浦綾子《みうらあやこ》さんの本に登場するジェラール・シャンドリの言葉が出てきますが、正観さん自身の生き方が、何よりもそれをよく物語っています。いかに生きたか。いかに喜びを人に与えたか。いかに喜ばれる存在になったか。それによって、「存在の死」がいつ訪れるかも変わります。さらには、「存在の生」と言うべきものを生きることも可能になります。

最後となった上高地ツアーの茶話会で、「親孝行ができなかったことを、とても後悔している」と話した方がいました。それに対して、正観さんはこんな話をされました。

「**本当の親孝行は、親が亡くなったときから始まります。親があちらの世界に行ってこちらを見たときに、親が自慢したくなるような生き方を、子供である自分がすること。それが本当の親孝行です**」

肉親や親しい人が亡くなったときにすべきことは、嘆き悲しみ続けることではなく、その存在を忘れないこと。そうすれば、その人は「存在の死」を迎えることはありません。そして、その人がこちらを見たときに喜ぶような生き方を自分自身がすること。それは、その人への孝行になるだけでなく、ひいては自分自身が「存在の生」を生きることにもなるのです。

「いかに生きるか」ということは、結局、日常生活での実践にかかっているようです。すべては「ものの見方」次第。すでに幸せの海の中にいることに気づかずに、不満や後悔や不安に目を向けるか、すでにある当たり前の日常の中に喜びや楽しみや幸せを見つけ、感じることができるか。どちらを選ぶかで、人生の景色はずいぶんと変わってくるでしょう。

生きることも、死ぬことも、どちらも大事にして、今、目の前のすべてを大事にして、喜ばれる存在として生きることが、「生きることに勇気を持ち、生きることに力を抜き、笑顔になって平和で幸せに楽しく暮らし」ていくことにもつながります（「あとがき」より）。本書を読んだ人が、そんな生き方を実践する様子を、きっと正観さんも、あちらから見て、喜んでいるのではないでしょうか。

［著者紹介］

小林正観 こばやし・せいかん

1948年東京生まれ。中央大学法学部卒。
作家、心理学博士、心学研究家、
コンセプター、デザイナー、SKPブランドオーナー。

学生時代から人間の潜在能力やESP現象、超常現象などに興味を抱き、独自の研究を続ける。年に約300回の講演依頼があり、全国を回る生活を続けていた。
2011年10月12日永眠。

著書に、「未来の智恵」シリーズ（弘園社）、「笑顔と元気の玉手箱」シリーズ（宝来社）、『淡々と生きる』（風雲舎）、『宇宙が応援する生き方』（致知出版社）、『喜ばれる』（講談社）、『人生は4つの「おつきあい」』（サンマーク出版）、『運命好転十二条』（三笠書房）、『努力ゼロの幸福論』（大和書房）、『みんなが味方になるすごい秘密』（KADOKAWA）、『ありがとうの奇跡』（ダイヤモンド社）、『宇宙法則で楽に楽しく生きる』（廣済堂出版）、『神様を味方にする法則』（マキノ出版）、『心を軽くする言葉』『脱力のすすめ』『なぜ、神さまを信じる人は幸せなのか?』『こころの遊歩道』（イースト・プレス）など多数。

［お問い合わせ］

現在は、正観塾師範代の高島亮さんによる「正観塾」をはじめ、茶話会、読書会、合宿など、全国各地で正観さん仲間の楽しく笑顔あふれる集まりがあります。詳しくはSKPまでご連絡ください。

SKP　045-412-1685
小林正観さん公式ホームページ　http://www.skp358.com/
弘園社　上記のSKPにお問い合わせください
宝来社　ホームページ　http://www.358.co.jp/

本書は1999年に株式会社弘園社より出版された
『生きる大事・死ぬ大事』を再編集したものです。
このたびの刊行にご快諾いただいた弘園社社長の
坂本道雄氏に、深く御礼を申し上げます。

生《い》きる大事《だいじ》・死《し》ぬ大事《だいじ》　死《し》を通《とお》して見《み》えてくる幸《しあわ》せな生《い》き方《かた》

2017年5月15日 第1刷発行

著者　小林正観《こばやしせいかん》

ブックデザイン　福田和雄(FUKUDA DESIGN)
本文DTP　小林寛子

協力　高島 亮

編集　畑 祐介
発行人　木村健一

発行所　株式会社イースト・プレス
〒101-0051
東京都千代田区神田神保町2-4-7 久月神田ビル
TEL 03-5213-4700　FAX 03-5213-4701
http://www.eastpress.co.jp

印刷所　中央精版印刷株式会社

ISBN978-4-7816-1540-0 C0030

イースト・プレス 人文書・ビジネス書
Twitter: @EastPress_Biz
http://www.facebook.com/eastpress.biz

イースト・プレス　小林正観の本

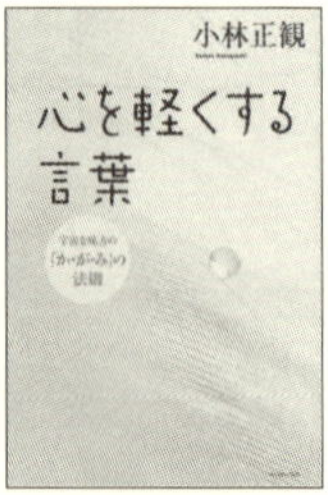

心を軽くする言葉

宇宙を味方の「か・が・み」の法則

「か・が・み」の法則の「我」(＝思い通りに生きたい)を捨て、
受け入れれば、幸せで、楽な人生。
正観さんの“法則”のポイントがわかる名言集!

ISBN978-4-87257-966-6(単行本)
ISBN978-4-7816-7131-4(文庫版)

脱力のすすめ

「おまかせ」で生きる幸せ論

「思い」を持たず、笑顔で受け入れ、
がんばらなければ、幸せで、楽な人生。
新発見の法則が満載!

ISBN978-4-7816-0464-0

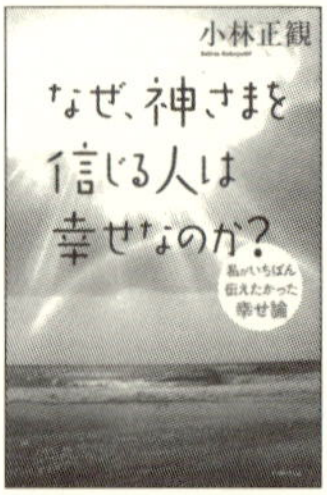

なぜ、神さまを信じる人は幸せなのか?

私がいちばん伝えたかった幸せ論

「神さまが見ている」といつも意識し、
“おかげさま”で生きれば、幸せで、楽な人生。
正観さん「最期の企画」が高島亮さんの手で甦る!

ISBN978-4-7816-1369-7

こころの遊歩道

「1日5分」で幸せを感じる方法論

全てを受け入れ、クヨクヨせず、
“あるがまま”で生きれば、幸せで、楽な人生。
悩みがスッと消えていく47の“ものの見方”

ISBN978-4-7816-1452-6